reinhardt

Inklusiver Unterricht kompakt

Petra Breuer-Küppers · Anna-Maria Hintz

Schüler mit herausforderndem Verhalten im inklusiven Unterricht

Praxistipps für Lehrkräfte

Mit 22 Abbildungen und 2 Tabellen
Mit Online-Zusatzmaterial

Ernst Reinhardt Verlag München

Petra Breuer-Küppers, Sonderpädagogin, ist seit vielen Jahren im Schuldienst sowie in der universitären Lehrerausbildung tätig. Aktuell arbeitet sie im Ministerium für Schule und Bildung Nordrhein-Westfalen.

Prof. Dr. *Anna-Maria Hintz,* Sonderpädagogin, lehrt an der Universität Oldenburg im Bereich Pädagogik und Didaktik bei Beeinträchtigungen des Lernens.

Bibliografische Information der Deutschen Nationalbibliothek

Die Deutsche Nationalbibliothek verzeichnet diese Publikation in der Deutschen Nationalbibliografie; detaillierte bibliografische Daten sind im Internet über <http://dnb.d-nb.de> abrufbar.

ISBN 978-3-497-02815-3 (Print)
ISBN 978-3-497-61025-9 (PDF-E-Book)
ISBN 978-3-497-61057-0 (EPUB)

Printed in EU
Cover unter Verwendung eines Fotos von © iStock.com/fotografixx
Autorenfoto Frau Breuer-Küppers: Vladimir Dimitrov (www.vladi-fotografie.de)
Autorenfoto Prof. Hintz: Universität Oldenburg
Satz: Rist Satz & Druck GmbH, 85304 Ilmmünster

Ernst Reinhardt Verlag, Kemnatenstr. 46, D-80639 München
Net: www.reinhardt-verlag.de E-Mail: info@reinhardt-verlag.de

Inhalt

Vorwort

Unterricht und Erziehung von SchülerInnen mit herausforderndem Verhalten wird von vielen Lehrkräften als eine der größten alltäglichen Herausforderungen (schulischer Inklusion) empfunden. Hinzu kommt, dass sich viele Lehrkräfte im Bereich der Prävention bzw. im adäquaten Umgang mit herausforderndem Verhalten nicht angemessen ausgebildet fühlen.

Das vorliegende Buch soll eine Hilfe für Lehrkräfte und andere pädagogische Fachkräfte im schulischen Kontext sein, der Entstehung von herausforderndem Verhalten zukünftig besser vorbeugen (Prävention) bzw. professioneller mit diesem umgehen (Intervention) zu können.

Aufbau des Buches

Das erste Kapitel gibt einen Überblick über verschiedene Erscheinungsformen herausfordernden Verhaltens (inklusive Fallbeispiele) und macht auf mögliche verursachende Bedingungen aufmerksam. Darauf aufbauend sollen nützliche Hinweise für die Diagnostik im Kontext herausfordernden Verhaltens für die schulische Praxis gegeben werden. Hierbei wird u.a. auf die Kind-Umfeld-Analyse, die (systematische) Verhaltensbeobachtung, die Wirksamkeitsüberprüfung von Unterstützungs- und Fördermaßnahmen sowie verschiedene ausgewählte standardisierte Testverfahren und ihren Nutzen für die schulische Praxis eingegangen. Praxistaugliche Möglichkeiten der Prävention von herausforderndem Verhalten bzw. die pädagogische Intervention bei bereits bestehendem herausforderndem Verhalten auf verschiedenen Ebenen werden im darauf folgenden Kapitel dargestellt. Worauf im gemeinsamen Unterricht zu achten ist bzw. welche Möglichkeiten der Kooperation und Zusammenarbeit inner- und außerhalb der Schule bestehen, stellt den Schwerpunkt weiterer Kapitel dar.

wissenschaftlich und praktisch fundiert

Bei der Auswahl der vorgeschlagenen Handlungsmöglichkeiten wurde Wert darauf gelegt, dass sie sowohl theoretisch und wissenschaftlich fundiert als auch praxiserprobt sind. Dabei wurde versucht, die Inhalte auf das für die schulische Praxis Relevante zu reduzieren und möglichst konkrete Hinweise auf praktische Handlungsstrategien zu geben. Zahlreiche Verweise auf weiterführende Materialien oder Literatur bieten den LeserInnen die Möglichkeit, ihr Wissen bei Bedarf zu vertiefen.

Anonymisierung

Selbstverständlich sind alle verwendeten Namen (beispielsweise in den Fallbeispielen) anonymisiert.

Symbole

Zur Orientierung werden folgende Symbole verwendet:

Empfehlungen

Weiterführende Informationen

Merke!

Online-Zusatzmaterial

Das Online-Zusatzmaterial können Sie auf der Homepage des Ernst Reinhardt Verlages bei der Darstellung dieses Titels herunterladen: www.reinhardt-verlag.de

1 Herausforderndes Verhalten: Erscheinungsformen und Ursachen

Herausforderndes Verhalten begegnet uns im schulischen Kontext in unterschiedlichen Formen. Wie und in welchem Ausmaß Personen herausforderndes Verhalten wahrnehmen und sich davon „herausgefordert fühlen“, kann unterschiedlich sein. So ist für die eine Lehrkraft während des Unterrichts bereits die Kappe auf dem Kopf eines Schülers herausforderndes Verhalten, für andere aber nicht. Auch die persönliche Einschätzung, ob ein Verhalten von der (vermeintlich) geltenden Norm abweicht oder nicht, trägt zur unterschiedlichen Wahrnehmung bei.

Für den schulischen Kontext zeigen empirische Studien aus dem In- und Ausland, dass der Umgang mit herausforderndem Verhalten von pädagogischen Fachkräften insbesondere dann als große Belastung wahrgenommen wird, wenn sie sich hierfür als nicht professionell genug ausgebildet empfinden. Diese Situation ist sowohl für die Lehrkräfte selbst (geringeres Wohlbefinden, erhöhtes Risiko für Erschöpfung) als auch für die betroffenen SchülerInnen tragisch. Denn bei fehlender adäquater Unterstützung bei bestehenden Risiken bzw. bereits entstandenen Auffälligkeiten im Bereich des Verhaltens können sich ungünstige Entwicklungsverläufe bis hin zu Absentismus oder Delinquenz ergeben. Beeinträchtigungen im Verhalten und im Lernen treten häufig gemeinsam auf (Komorbidität), was einen negativen Einfluss auf die fachlich-inhaltliche Qualifikation von SchülerInnen haben kann. Geringe emotionale und soziale bzw. fachliche Kompetenzen bringen wiederum oft Probleme bei Systemübergängen mit sich wie z.B. in die weiterführende Schule oder die Arbeitswelt (z.B. Entorf/Sieger 2010).

Im Kontext schulischer Inklusion finden sich nicht nur sehr unterschiedliche Erscheinungsformen herausfordernden Verhaltens, auch darüber hinaus liegt eine große Diversität der Schülerschaft vor. Zu denken ist hier an die Diagnose verschiedener sonderpädagogischer Förderschwerpunkte (Lernen, Sprache, Emotionale und soziale Entwicklung, Hören und Kommunikation, Sehen, Körperliche und motorische Entwicklung, Geistige Entwicklung) aber auch an viele weitere Diversitätsdimensionen (wie z.B. Herkunft, sozioökonomischer Status, Geschlecht, Religion).

Für die meisten Lehrkräfte stellt herausforderndes Verhalten die drängendste Herausforderung im Schulalltag dar. Ein adäquater Umgang hiermit kann ihnen helfen, mehr Kraft und Zeit für die Bewältigung des Arbeitsalltags und alle SchülerInnen zu haben. Die alltägliche Arbeit mit SchülerInnen kann in manchen Situationen eine Belastung für pädagogische Fachkräfte darstellen, die gelingende konstruktive Auseinandersetzung miteinander kann aber auch als sehr bereichernd wahrgenommen werden. Voraussetzung hierfür ist ein gutes Beziehungsgefüge, in dem sich auch SchülerInnen mit herausforderndem Verhalten wertgeschätzt fühlen.

1.1 Erscheinungsformen

Begriffsbestimmung

„Herausforderndes Verhalten" soll in diesem Buch als beschreibender Oberbegriff für verschiedene Formen von herausfordernden Verhaltensweisen genutzt werden, die im schulischen Kontext vorkommen können, nicht als Diagnose. Allerdings kann dem, was an unterschiedlichen Stellen mit dem Begriff „herausforderndes Verhalten" beschrieben wird, eine Diagnose (z.B. ein sonderpädagogischer Unterstützungsbedarf im Förderschwerpunkt Emotionale und soziale Entwicklung oder eine Störung auf dem Autismusspektrum) zugrunde liegen. Auf beide Aspekte wird in diesem Buch nur am Rande eingegangen. Abbildung 1 gibt einen Überblick über mögliche Erscheinungsformen herausfordernden Verhaltens, die im Schulalltag mehr (z.B. das Werfen mit Gegenständen oder das Beißen anderer Kinder) oder weniger (z.B. das Vorliegen einer Essstörung) auffällig sein können.

Kategorisierungen

Bei der Beschreibung von abweichendem Verhalten wird z.B. von Myschker (2009) je nach Ausmaß und Dauer des Auftretens zwischen Verhaltensauffälligkeiten und -störungen unterschieden. Während mit Verhaltensauffälligkeiten leichtere Formen von abweichendem Verhalten beschrieben werden, denen mit regulärem erzieherischem Handeln gut begegnet werden kann und sich damit einhergehend entsprechend positive Entwicklungen ergeben, wird der Begriff Verhaltensstörung oft dann genutzt, wenn „ein von den zeit- und kulturspezifischen Erwartungsnormen abweichendes maladaptives Verhalten [vorliegt, die Verf.], das organogen und/oder milieureaktiv bedingt ist, wegen der Mehrdimensionalität, der Häufigkeit und des Schweregrades die Entwicklungs-, Lern- und Arbeitsfähigkeit sowie das Interaktionsgeschehen in der Umwelt beeinträchtigt und ohne besondere pädagogisch-therapeutische Hilfe nicht oder nur unzureichend überwunden werden kann" (Myschker 2009, 49).

Abb. 1: Mögliche Erscheinungsformen herausfordernden Verhaltens

internalisierend und externalisierend

Tab. 1: Formen externalisierender und internalisierender Störungen (in Anlehnung an Myschker 2009)

externalisierend	internalisierend
▪ Aggression ▪ Impulsivität ▪ Hyperaktivität (z. B. Fallbeispiel Sedat) ▪ Antisoziales Verhalten ▪ Delinquenz ▪ Grausamkeit gegenüber anderen ▪ Destruktivität ▪ …	▪ Ängste, Phobien, Zwänge ▪ Minderwertigkeitsgefühle ▪ Somatische Störungen ▪ Rückzug aus sozialen Bindungen (z. B. Fallbeispiel Michelle) ▪ Depression ▪ Essprobleme (Bulimie, Magersucht) ▪ Autoaggressives Verhalten (z. B. Ritzen, andere Selbstverletzungen) ▪ …

Bei der Beschreibung von Verhaltensstörungen wird oft zwischen internalisierenden und externalisierenden Störungen unterschieden (Tab. 1).

ICD-10

Auch in der Internationalen statistischen Klassifikation der Krankheiten und verwandter Gesundheitsprobleme (ICD-10-GM) findet sich neben vielen anderen Krankheiten und Erscheinungsbildern der Begriff „Störungen des Sozialverhaltens". Hierunter wird ein Muster dissozialen, aggressiven und aufsässigen Verhaltens gefasst, das mit seinem Ausmaß die altersentsprechenden sozialen Erwartungen übersteigt („schwerwiegender als gewöhnlicher kindischer Unfug oder jugendliche Aufmüpfigkeit"; Dilling et al. 2004/05, 297) und mindestens sechs Monate bestanden haben muss (ICD-10 F 91). Würde das Konstrukt des herausfordernden Verhaltens auf einem Kontinuum dargestellt, läge hier eine deutlich extremere Form vor als bei der eingangs angebrachten Situation, in der ein Schüler während des Unterrichts eine Kappe auf dem Kopf hat.

1.2 Fallbeispiele

aus der Praxis

Die Fallbeispiele sollen verdeutlichen, wie verschieden sich herausforderndes Verhalten im Schulalltag zeigen kann und wie unterschiedlich die Entstehensbedingungen sein können. Am Ende jeden Falls wird eine schematische Einordnung auf einem Kontinuum zwischen „alltägliche Störungen" und „gravierende Störungen" vorgenommen.

1.2.1 Fallbeispiel 1: Sedat, 15 Jahre, Klasse 8

Sedat ist ein ca. 1,70 m großer, normalgewichtiger Junge, dem man ansehen kann, dass er häufig im Fitnessstudio trainiert. Sein Gesicht wirkt freundlich und aufgeschlossen, obwohl es von einer langen Narbe unter dem Auge durchzogen ist. Dies lässt ihn andererseits so wirken, als würde er von sich aus vor keiner körperlichen Auseinandersetzung zurückschrecken. In seiner Klasse ist Sedat der Klassenclown. Er hampelt oft auf seinem Stuhl hin und her und läuft häufig zum Mülleimer, um seine Stifte zu spitzen. Jede Stunde geht er mindestens einmal zur Toilette und kündigt dies lautstark an: „Ich muss mal pissen!".

Beliebt bei seinen MitschülerInnen sind seine (oft witzigen) Kommentare, auch wenn sie vom Unterricht ablenken und stören. Auf Bitten der Lehrperson, diese Äußerungen zu unterlassen, reagiert Sedat charmant, aber mit Unverständnis: „Ach, stimmt doch, was ich sage. Und ein bisschen Spaß muss sein. Das macht den Unterricht doch viel entspannter."

Wenn man sich das Verhalten von Sedat genauer anschaut, lässt sich Folgendes festhalten:

a Sedat hat einen großen Bewegungsdrang (z.B. motorische Unruhe im Unterricht, geht häufig zur Toilette).

b Er scheint nach Aufmerksamkeit und Bestätigung zu suchen (z.B. durch witzige oder charmante Kommentare).

Hintergrundinformationen:

Sedat ist ein Kind türkischer Einwanderer und lebt mit seiner alleinerziehenden Mutter und drei Brüdern (12, 19, 21 Jahre) in einem Mehrfamilienhaus am Rand einer mittelgroßen Stadt. Die Narbe in seinem Gesicht stammt aus einer Auseinandersetzung unter den Brüdern, bei der Sedat unglücklich gestürzt ist und eine Schnittwunde davongetragen hat.

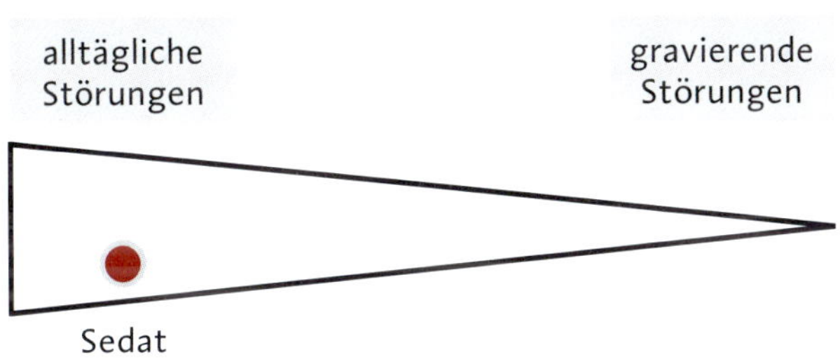

Abb. 2: Schematische Einordnung des herausfordernden Verhaltens von Sedat

1.2.2 Fallbeispiel 2: Michelle, 17 Jahre, Klasse 9

Auf den ersten Blick wirkt **Michelle** unscheinbar. Ihre schlanke Figur versteckt sie unter übergroßer Kleidung und ihr Gesicht hinter strähnigen Haaren, die ihr, einem Vorhang ähnelnd, weit über die Augen fallen. Ihr einziger Schmuck sind die Tunnel in beiden Ohrläppchen. Michelle sitzt in der letzten Reihe und bemüht sich darum, möglichst wenig aufzufallen. Im Unterricht arbeitet sie nicht mit. Sie verweigert die Arbeit an jeglichem Material, auch an solchem, das speziell für ihre Lernvoraussetzungen ausgesucht oder entsprechend ihrer selten geäußerten Interessen angefertigt wurde. Bei Gruppenarbeiten setzt sie sich zwar zu ihrer Gruppe, schweigt aber auch hier. Wenn sie gebeten wird mitzuarbeiten, wird Michelle oft laut und verbal ausfällig, wie z.B.: „Was soll der ganze Scheiß – ich kapier das eh nicht! Der Scheiß-Abschluss geht mir am Arsch vorbei!" In Einzelgesprächen mit der Lehrkraft wirkt sie eher abweisend. Ihr Ziel ist laut Hilfeplangespräch der Hauptschulabschluss nach der neunten Klasse. Dieses Ziel ist durch ihr Lern- und Arbeitsverhalten stark gefährdet. In letzter Zeit fehlt sie oft in der Schule.

Wenn man sich das Verhalten von Michelle genauer anschaut, lässt sich Folgendes festhalten:

a Michelle verweigert die Mitarbeit im Unterricht, sie fällt durch Schulabsentismus auf.
b Auf Anforderungen reagiert sie gereizt und wird schnell ausfallend.
c Sie versucht, Aufmerksamkeit von sich abzulenken.
d Leistungssituationen vermeidet sie.

Hintergrundinformationen:

Michelle lebt mit ihrer Familie in einem Einfamilienhaus im Grünen. Beide Eltern sind berufstätig (Anwältin, Chefarzt) und haben kaum Zeit für ihre Kinder. Die Eltern sind sehr leistungsorientiert. Schlechte Noten und Fehlverhalten werden von ihnen mit Ignoranz bestraft.

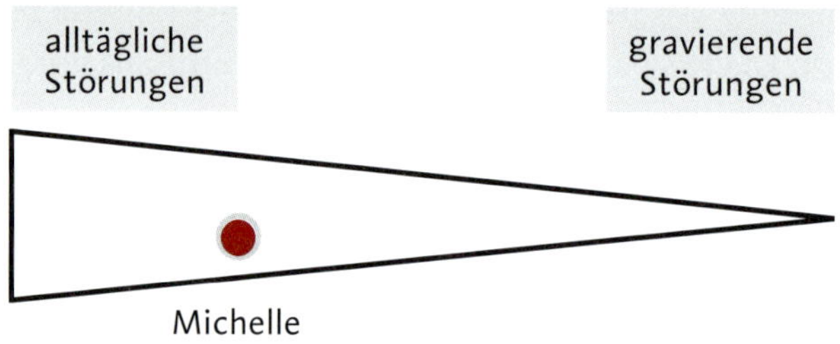

Abb. 3: Schematische Einordnung des herausfordernden Verhaltens von Michelle

1.2.3 Fallbeispiel 3: Sascha, 13 Jahre, Klasse 7

Sascha ist neu in der Klasse und fällt direkt durch ihr Äußeres auf. Sie ist mittelgroß, gepflegt, trägt überwiegend schwarze Kleidung und hat schwarzgefärbte lange Haare mit bunten Strähnen und ein sehr blasses Gesicht. Auch im Sommer trägt sie ihre Arme und Beine bedeckt. So verbirgt sie die Narben, die sie sich beim Ritzen zugezogen hat. Regelmäßig kaut sie sich die Fingernägel so weit ab, dass ihre Finger bluten. Während des Unterrichts geht sie mehrfach zum Waschbecken und wäscht ihre Hände mit Seife. Als die Lehrkraft sie darauf anspricht, sagt Sascha sehr offen, dass sie ihr zwanghaftes Verhalten nicht unter Kontrolle hat. Sascha beteiligt sich lebhaft und mit gut begründeten Meinungen am Unterricht. Sie liest in ihrer Freizeit viel und spricht sehr schnell, sodass es oft schwer ist, sie zu verstehen. Sascha neigt zu langen Monologen, bei denen sie sich nicht gern unterbrechen lässt. Auf Mathe reagiere sie allergisch, sagt Sascha zu ihrer neuen Lehrerin, weshalb sie in den letzten zwei Jahren nicht am Mathematikunterricht teilgenommen habe. Ein Blick in die letzten Zeugnisse bestätigt, dass tatsächlich keine Mathematiknote eingetragen wurde. Ein Gutachten zeigt, dass bei Sascha eine Dyskalkulie diagnostiziert wurde. In ihrer neuen Klasse ist das Klima wertschätzend. Durch die starke Binnendifferenzierung des Unterrichts ist es für Sascha leichter, ihr besonders auf ihre Bedürfnisse in Mathematik ausgerichtetes Material anzunehmen und zu bearbeiten. Sascha hadert mit ihrer Geschlechterrolle und möchte lieber ein Mann sein. Mehrfach hat sie geäußert, dass sie eine Geschlechtsumwandlung möchte, wenn sie alt genug ist.

Wenn man sich das Verhalten von Sascha genauer anschaut, lässt sich Folgendes festhalten:

a Sie zeigt selbstverletzendes (z.B. Ritzen, Nägelkauen) und zwanghaftes Verhalten (z.B. häufiges Händewaschen).
b Sie äußert Probleme hinsichtlich ihrer Geschlechterrolle.
c Sie hat ein starkes Mitteilungsbedürfnis.
d Bei ihr wurde eine Dyskalkulie diagnostiziert.

Hintergrundinformationen:

Sascha wurde mit dreieinhalb Jahren adoptiert. Sie kränkelte häufig und war oft im Krankenhaus. Ihre Eltern kümmern sich liebevoll um sie, sind aber teilweise mit ihrem Verhalten überfordert. Mit dem selbstverletzenden Verhalten hat Sascha am Ende der Grundschulzeit begonnen.

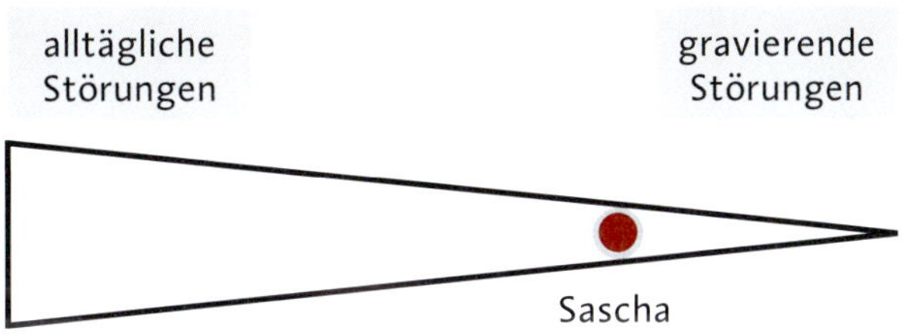

Abb. 4: Schematische Einordnung des herausfordernden Verhaltens von Sascha

1.2.4 Fallbeispiel 4: Adrian, 8 Jahre, Klasse 2

Adrian ist ein schmächtiger, lebhafter Junge. Er achtet auf ein gepflegtes Äußeres und kommt zu besonderen Anlässen auch schon einmal mit Anzug und Fliege in die Schule. Adrian hat ein starkes Gerechtigkeitsgefühl, das ihn nicht nur zu aggressiven Verhaltensweisen greifen lässt, wenn er selbst ungerecht behandelt wurde, sondern auch, wenn seines Erachtens jemand anderem Unrecht geschieht. Fühlt Adrian sich kritisiert, beginnt er zu schreien, zu schlagen und zu treten. Mehrfach kam es dazu, dass er einen Mitschüler mit seiner Schultasche in das Gesicht schlug, Tische umwarf oder einen Stuhl über den Kopf hob und drohte, ihn jedem „über den Kopf zu ziehen", der ihn anfasse. Geht die Lehrkraft zu schnell auf ihn zu, z.B. um ihm bei einer Aufgabe zu helfen, ballt er seine Fäuste vor dem Gesicht und nimmt eine Verteidigungshaltung ein. Soll Adrian etwas schreiben oder malen, arbeitet er sehr langsam und übergenau. Er radiert z.B. Buchstaben, die ihm nicht gefallen, so lange wieder aus, bis das Papier ganz dünn ist und sich Löcher bilden. Hierbei macht er oft Beatboxing-Geräusche, was die anderen SchülerInnen sowie die Lehrkräfte schnell nervt. Wird er wegen dieses Verhaltens verwarnt, kann es passieren, dass die Situation eskaliert.

Wenn man sich das Verhalten von Adrian näher anschaut, lässt sich Folgendes festhalten:

a Adrian reagiert mit Abwehrhaltungen auf vermeintliche Bedrohungen.
b Er reagiert mit Gewalt auf von ihm wahrgenommene Ungerechtigkeiten.
c Er gefährdet sich und andere (z.B. Benutzen eines Blasrohrs, Schleudern der Schultasche)
d Er macht sehr häufig Geräusche (z.B. Beatboxing, Singen)
e Er hat sehr hohe Ansprüche an sich selbst (z.B. Ausradieren von noch nicht perfekten Ergebnissen).

Hintergrundinformationen:

Adrian stammt aus einem sehr rigide vom Vater beherrschten Elternhaus, in dem es überwiegend um Leistung und Gehorsam ging. Als Kleinkind wurde er z.B. immer wieder im Keller angekettet, wenn er etwas nicht zur vollen Zufriedenheit seines Vaters erledigt hat. Dieser schlug Adrian bei Fehlverhalten regelmäßig mit dem Gürtel. Seine Mutter konnte sich nicht dagegen durchsetzen und schaute dem Geschehen machtlos zu.

Seit eineinhalb Jahren wohnt Adrian in einem Kinderheim und hat keinen Kontakt mehr zu seinen Eltern.

Bei Adrian geht der Bedarf an sonderpädagogischer Förderung erheblich über das übliche Maß hinaus, sodass die Schulaufsichtsbehörde ihm eine intensivpädagogische Förderung bei Schwerstbehinderung zugestanden hat. In Nordrhein-Westfalen, dem Bundesland, in dem Adrian lebt, findet sich die entsprechende Gesetzeslage in § 15 AO-SF (Ausbildungsordnung sonderpädagogische Förderung). Entsprechende Informationen für andere Bundesländer bzw. Kantone o.Ä. können bei den jeweiligen Schulministerien o.Ä. recherchiert werden.

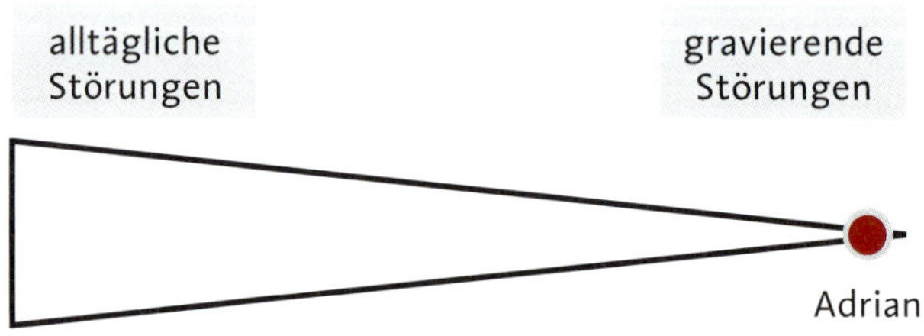

Abb. 5: Schematische Einordnung des herausfordernden Verhaltens von Adrian

1.3 Mögliche Ursachen

multikausale Verursachung

Herausforderndes Verhalten ist in den meisten Fällen auf ein multikausales Wirkungsgeflecht aus verschiedenen biologischen, psychologischen und sozialen Faktoren (Abb. 6) zurückzuführen (z.B. Beelmann/Raabe 2007; Engel 1980; Petermann/Hermann 1999).

Abb. 6: Multikausales Wirkungsgeflecht zur Erklärung herausfordernden Verhaltens

1.3.1 Biologische bzw. genetische Faktoren

Prädispositionen

Es scheint biologische bzw. genetische Prädispositionen zu geben, die mit herausforderndem Verhalten in engem Zusammenhang stehen. Das Vorliegen einer Prädisposition bedeutet aber nicht, dass ein herausforderndes Verhalten tatsächlich auftritt. Hierfür müssen in der Regel weitere Faktoren hinzukommen. So wird für aggressives und gewalttätiges Verhalten eine Kombination genetischer, physiologischer, entwicklungs- und persönlichkeitspsychologischer, familiärer und sozialer Faktoren angenommen (Cierpka et al. 2007). Es gibt Kinder, bei denen genetische Faktoren (mit-)verantwortlich sein können, dass sie unempfindlich sind für Emotionen, die ihnen z.B. von der Mutter entgegengebracht werden. Daraus können sich wiederum Bindungs- oder Angststörungen entwickeln.

Zu den medizinisch-psychiatrischen Diagnosen, die mit biologischen bzw. genetischen Faktoren im Zusammenhang stehen können, gehören z.B. Depression, ADS/ADHS und Dissozialität (Verantwortungslosigkeit, Missachtung sozialer Normen und Regeln, geringes Einfühlungsvermögen in andere). In diesen Fällen ist eine intensive Zusammenarbeit mit Fachärzten bzw. Kliniken sinnvoll, denen oft eine Schule für Kranke angegliedert ist (Kap. 5.8).

1.3.2 Psychologische Faktoren: Persönlichkeit des Kindes bzw. des Jugendlichen

Traumata

Traumatisierende Erfahrungen, wie z.B. schwere Unfälle, Flucht oder Missbrauch können zur Dissoziation führen, was bedeutet, dass eine Person Erinnerungen oder Persönlichkeitsanteile abspaltet. Es kann passieren, dass die Person in eine Art Trancezustand abgleitet, der dazu führt, dass sie für schulbezogene Themen unempfänglich ist. Herausforderndes Verhalten kann auch zur Abwehr von Triggern dienen, was das folgende Beispiel verdeutlicht:

Sven (17) beschwert sich lautstark, dass ihm der gezeigte Film zu langweilig sei. Während des Films selbst verlässt er dann unter lautem Türenschlagen den Klassenraum. Im späteren Einzelgespräch mit der Lehrkraft stellt sich heraus, dass er durch den Film an traumatische Erlebnisse erinnert wurde und das nicht aushalten konnte.

> Das herausfordernde Verhalten von SchülerInnen ist meist ein für sie subjektiv sinnhafter Bewältigungsversuch, der dem eigenen Schutz dient und oftmals nicht explizit persönlich gegen die Lehrperson gerichtet ist.

1.3.3 Soziale Faktoren

Familie und Peergroup

Erziehungsverhalten

Nicht selten ist das familiäre Umfeld von SchülerInnen mit herausforderndem Verhalten durch Vernachlässigung, emotionale Kälte oder das Erleben von Angst und Hilflosigkeit gekennzeichnet. Ein inkonsequentes, unberechenbares Verhalten der Erziehungsberechtigten kann zu einer tiefen Verunsicherung des Kindes führen, was sich oft in aggressivem Verhalten niederschlägt. Auch übersteigerte Gehorsams- und Leistungserwartungen oder Dirigismus, auch in Verbindung mit Gewalterfahrungen, können zu herausforderndem Verhalten führen (Kap. 1.2.4).

provozierte Aufmerksamkeit

Oft suchen SchülerInnen, die unter schwierigen Bedingungen aufwachsen, nach Aufmerksamkeit und Zuwendung, die sie ansonsten nicht erhalten. Insbesondere wenn diese nicht einfach zu erlangen ist, kann es passieren, dass auch negative Aufmerksamkeiten und Zuwendungen provoziert werden (z. B. in Form von Ermahnungen oder Strafen).

Herausforderungen in der Familie

Auch elterliche Überbehütung und ein geringes Zutrauen zum Kind können negative Folgen haben. Zudem haben Kinder oft ein feines Gespür für das, was in ihrem Umfeld vorgeht. So können Partnerschaftsprobleme oder die Trennung der Eltern, vor allem, wenn sie mit Gewalterfahrung einhergeht, Kinder ebenso verunsichern wie Tabus, die in einer Familie bestehen. Gerade bei suchtabhängigen und psychisch kranken Eltern sind SchülerInnen mit der Aufgabe, die Familie zusammenzuhalten, oftmals überfordert und werden möglicherweise bei ihren Bewältigungsversuchen selbst auffällig (z. B. in Form von Aggression, Resignation oder Sucht).

Lernen am Modell

Die Art der Vorbilder („Lernen am Modell") spielt sowohl bei Familien als auch in der Peergroup eine große Rolle. So lernen Kinder in einer Familie oder Jugendliche in einer Peergroup, in der delinquentes Verhalten an der Tagesordnung ist, möglicherweise durch Nachahmung oder aufgrund von Gruppendruck selbst delinquentes Verhalten.

> Das Aufwachsen unter starken individuellen Belastungen erhöht das Risiko für das Auftreten herausfordernden Verhaltens.

Gesellschaft

normative Unsicherheit

Unsere Gesellschaft stellt durch ihre vielfältigen Reize erhöhte Anforderungen an die Reizverarbeitung, was SchülerInnen überfordern kann (Tölle 1996). In den Medien finden sich Beispiele für Gewalt, Sexualität, Sucht und Kriminalität, die oft undifferenziert und ungefiltert für Kinder und Jugendliche zugänglich sind und für eine normative Unsicherheit sorgen können. Auch finanzielle Notlagen (z.B. durch Aufwachsen bei einem alleinerziehenden Elternteil) können einen ungünstigen Einfluss auf die individuelle Entwicklung nehmen.

Wechsel der Peergroup

Solche Situationen können z.B. zur Isolation führen, wenn die eigene Lage dem Kind oder Jugendlichen unangenehm ist oder es nicht (mehr) möglich ist, bei der Nutzung von Konsummöglichkeiten mit den Freunden mitzuhalten. Es kann auch passieren, dass er oder sie sich aus bisherigen Freundschaften und Freizeitgestaltungsmöglichkeiten zurückzieht und sich eine neue Peergroup mit ähnlichem Hintergrund sucht, die ggf. auf ihre bzw. seine Entwicklung (z.B. durch Delinquenz) einen ungünstigen Einfluss hat.

Schule

Für manche SchülerInnen ist der frühe Schulbeginn eine Herausforderung. Das ist vor allem der Fall, wenn der Tagesablauf zu Hause stark von den schulischen Strukturen abweicht, die SchülerInnen zu Hause nicht geweckt werden oder vor Schulbeginn keine Gelegenheit haben zu frühstücken.

abweichende Strukturen

In der Schule treffen sie dann auf viele andere Personen und sollen Werte und Normen einhalten (z.B. das Halten an Regeln oder respektvolles Verhalten), die aber ggf. zu Hause nicht gelebt werden.

Bezugspersonen in der Schule

Während Kinder in der Grundschule meist eine feste Lehrperson haben, zu der sie ein Vertrauensverhältnis aufbauen können, sind spätestens in der weiterführenden Schule meist mehrere Lehrkräfte für die unterschiedlichen Fächer zuständig. Die Bezugspersonen wechseln und damit auch die oft implizit vorausgesetzten Verhaltenserwartungen. Der Wegfall einer wichtigen schulischen Bezugsperson kann gerade bei SchülerInnen mit Schwierigkeiten im emotionalen und sozialen Bereich zu starker Verunsicherung und damit einhergehendem herausforderndem Verhalten führen.

> Hilfreich ist es hier, wenn die Lehrpersonen in engem Austausch miteinander stehen und ihre pädagogischen Haltungen und die damit einhergehenden Erwartungen aufeinander abstimmen. Gut wäre es zudem, wenn eine Klassenlehrkraft möglichst viele Stunden in der Klasse unterrichten würde.

fehlender Wirklichkeitsbezug von Themen

Nicht zuletzt kann es passieren, dass sich SchülerInnen in der Schule mit Themen beschäftigen sollen, die der eigenen Lebenswirklichkeit fern sind. Hier können der fehlende Zugang oder auch Über- und Unterforderung schnell zu Frustrationen und herausforderndem Verhalten führen.

Relevanz sozialer Reize

In diesem Zusammenhang bietet sich ein weiteres Modell zur Erklärung von herausforderndem Verhalten an: das Modell der sozial-kognitiven Informationsverarbeitung (z.B. Crick/Dodge 1994; Lemerise/Arsenio 2000). Hier stehen vor allem die sozialen Reize, die eine Person wahrnimmt, und die Schlüsse, die sie daraus für das eigene (subjektiv sinnvolle) Handeln zieht, im Fokus. Das Modell und ein hierauf basierendes und bereits positiv evaluiertes Training finden sich hier:

Hillenbrand, C., Hennemann, T., Hens, S., Hövel, D. (2015): Lubo aus dem All! – 1. und 2. Klasse. 3. Aufl. Ernst Reinhardt, München/Basel

Memo

Zahlreiche Faktoren beeinflussen Selbstwertgefühl, Ich-Stärke, Sicherheit, Selbstverantwortung, Impulskontrolle, Stetigkeit und Verlässlichkeit, Entwicklung von Lebensmut und Zukunftsperspektive sowie den Realitätssinn von SchülerInnen. In diesem Zusammenhang sollten sich Lehrkräfte ihrer großen Chance und Verantwortung bewusst sein und versuchen, das positiv zu beeinflussen, was sie in der jeweiligen Situation beeinflussen können.

2 Diagnostik

Die Frage, ob Diagnostik bei herausforderndem Verhalten überhaupt notwendig ist, mag von manch einer Lehrkraft intuitiv verneint werden. Schließlich ist das Verhalten oft so auffällig, dass es sich ohnedies weder überhören noch übersehen lässt. Dennoch bzw. genau deshalb soll hier aufgezeigt werden, wieso Diagnostik sinnvoll und notwendig ist, um die Ursachen sowie die Bedingungen, die zur Verstärkung bzw. Aufrechterhaltung von herausforderndem Verhalten beitragen, zu analysieren. Erst danach kann sich die Lehrperson begründet aus der Vielzahl der Möglichkeiten an Unterstützungs- und Fördermaßnahmen für die beste Option entscheiden. Eine Überprüfung der Effekte einer Intervention kann ebenfalls sinnvoll sein, um unwirksame Bemühungen auszuschließen bzw. wirksame Herangehensweisen beizubehalten und zu optimieren.

2.1 Kind-Umfeld-Analyse

„Das ist doch klar, bei den Eltern … " oder „Guck dir mal die Freunde an, dann weißt du Bescheid!" sind Aussagen, die man auch als Lehrkraft häufiger hört. Sie zeigen, dass SchülerInnen oft nicht unabhängig von ihrem Umfeld gesehen werden. Wird beim Einbezug der Informationen über das jeweilige Umfeld allerdings unsystematisch vorgegangen, ist es möglich, dass z.B. die eigenen Vorurteile die Aspekte, die in Betracht gezogen werden, in starkem Maße beeinflussen. Um dieser Gefahr vorzubeugen, bietet sich eine systematische Analyse, wie z.B. die Kind-Umfeld-Analyse (KUA) an.

ökosystemischer Ansatz

Die KUA hat sich aus dem ökosystemischen Ansatz entwickelt (z.B. Bronfenbrenner 1981) und wurde immer wieder überarbeitet. Im Kontext der ökosystemischen Sichtweise wird nicht mehr (nur) gefragt, wie sich das Kind verändern müsste, damit es ins (Schul-)System passt. Die KUA zielt darauf ab, die individuellen Bedingungen einer Person zu erkunden (z.B. Freundeskreis, Familie, Schule, weitere Felder wie ggf. Hobbys und Interessen), um mögliche Ressourcen und Risiken zu erfassen.

Celeste fehlten meist die Hausaufgaben und alle Maßnahmen, die in der Schule realisiert wurden, damit sie ihre Hausaufgaben zukünftig wie erwünscht zu Hause erledigt, blieben erfolglos. Im Rahmen der KUA zeigte sich, dass Celeste zu Hause keinen Platz hatte, an dem sie in Ruhe arbeiten konnte, und dass sie häufig von Freundinnen auf ihrem Handy kontaktiert wird, sodass es ihr bei den gelegentlichen Versuchen, sich ihren Aufgaben zu widmen, schwerfiel, sich zu konzentrieren. Die durch die KUA erkannte Situation wurde von der Lehrkraft mit den Eltern und Celeste besprochen. Die Eltern richteten einen Arbeitsplatz in der Küche ein, an dem Celeste nach dem Mittag-

Mögliche Aspekte einer Kind-Umfeld-Analyse

a) Fragen zum Kind in seinem Umfeld, z.B. wie das Kind sich selbst in verschiedenen sozialen Kontexten (wie Familie, Schule, mit Peers, …) sieht

b) Fragen zur Familie (z.B. wo das Kind meistens oder dauerhaft lebt; woher die Sorgeberechtigten stammen, welche Nationalität sie haben, ggf. seit wann sie in Deutschland sind und wie gut ihre Deutschkenntnisse und die des Kindes sind, Anzahl der Geschwister und Position des Kindes in der Geschwisterreihe)

c) Fragen zur Freizeit (z.B. ob das Kind eine Nachmittagsbetreuung besucht; welchen Interessen etc. es nachgeht)

d) Fragen zur schulischen Entwicklung in der Vergangenheit (z.B. welche Schulen das Kind in welchem Zeitraum besucht hat)

e) …

(Im Folgenden werden weitere relevante entwicklungs- und fachbezogene Aspekte systematisch abgefragt.)

Abb. 7: Mögliche Aspekte einer Kind-Umfeld-Analyse (in Anlehnung an Formblätter des Kultusministeriums Sachsen-Anhalt 2011)

essen in Ruhe ihre Hausaufgaben machen konnte. Zudem legte sie vor den Hausaufgaben freiwillig für eine Stunde ihr Handy weg. Alle Akteure des Systems arbeiteten zusammen und das Problem der regelmäßig fehlenden Hausaufgaben konnte gelöst werden.

systematische Analyse

Der Gesamtprozess der KUA umfasst neben der systematischen Analyse verschiedener Umweltfaktoren (für eine Auswahl Abb. 7) auch die Suche nach geeigneten Handlungsstrategien und die optimierende Umgestaltung von Rahmenbedingungen sowie ggf. die Ableitung nützlicher Unterstützungsmöglichkeiten für das Kind (für eine Auswahl: z.B. Literaturtipp der Autorengruppe Vielfaltstableau 2014).

Kind als Akteur der eigenen Entwicklung

Das Individuum sollte in der KUA und den daraus abzuleitenden Handlungsmöglichkeiten als AkteurIn der eigenen Entwicklung gesehen und in den Prozess miteinbezogen werden. Das Fallbeispiel von Celeste zeigt, dass das Einholen von Informationen und die Optimierung der Situation mehr Erfolg mit sich brachten als vermeintlich strafende Maßnahmen, wie z.B. das Nacharbeitenlassen nach Schulschluss.

Zur Planung und Durchführung einer KUA finden sich im Internet verschiedene frei verfügbare Materialien (z.B. Beispielfragebögen) oder Hilfen zur Ableitung praktischer Unterstützungsmöglichkeiten.

Autorengruppe Vielfaltstableau (2014): Das Vielfaltstableau: Inklusion von Kind aus denken. In: https://vielfaltstableau.uni-paderborn.de, 28.04.2018

Carle, U. (2001): Kind-Umfeld-Analyse als Werkzeug für die Unterrichtsplanung. In: www.grundschulpaedagogik.uni-bremen.de/archiv/Carle/1999/analyse.pdf, 28.04.2018

2.2 (Systematische) Verhaltensbeobachtung

Heide springt plötzlich im Unterricht auf und brüllt ein Schimpfwort in **Kevins** Richtung. „Er hat mich mit der Schere gepiekst", erklärt sie Frau Meyer. Da Kevin in letzter Zeit häufig in Konflikte verwickelt ist und sich die KollegInnen ebenfalls über sein ständiges Stören beschweren, beschließt Frau Meyer, Kevin zu beobachten. Zunächst sammelt sie in einer unsystematischen Beobachtung von Kevin die verschiedenen Formen auffälligen Verhaltens, die sich im Laufe mehrerer Schultage zeigen.

Hierbei ist darauf zu achten, das jeweilige Verhalten sachlich zu beschreiben und nicht zu interpretieren.

sachliche Beschreibung

Verlängert sich die Liste, die aus den unsystematischen Beobachtungen von Kevins Verhalten durch Frau Meyer resultiert, nicht mehr, stellt sich die Lehrkraft für die folgende systematische Beobachtung vier Fragen.

Fragen zur Vorbereitung einer systematischen Beobachtung

1. Was soll der genaue Zweck meiner Beobachtung sein?
(z. B. einen Überblick über die verschiedenen Formen herausfordernden Verhaltens des Kindes bzw. des Jugendlichen zu bekommen, um analysieren zu können, was das Verhalten möglicherweise auslöst bzw. zur Aufrechterhaltung oder Verstärkung beiträgt)
2. Welche Situation sollte im Fokus meiner Beobachtung stehen (weil sich hier das Verhalten besonders oft zeigt)?
(z. B. **a)** das Verhalten des Kindes bzw. des Jugendlichen im Umgang mit anderen in offenen Situationen wie u. a. den Pausen; **b)** das Verhalten in Leistungssituationen; **c)** das Verhalten im Umgang mit sich selbst [ggf. bei selbstverletzendem Verhalten])
3. In welcher Form soll beobachtet werden?
(z. B. **a)** offen; **b)** verdeckt; **c)** teilnehmend; **d)** nicht teilnehmend)
4. Wann und wie lange soll die Beobachtung jeweils stattfinden?
(z. B. **a)** jeweils eine Schulstunde; **b)** jeweils in Stillarbeitsphasen; **c)** nur während Gruppenarbeitsphasen; **d)** während der Pausen)

Operationalisierung

Um durch eine systematische Verhaltensbeobachtung zu zuverlässigen Ergebnissen zu gelangen, ist es z. B. sinnvoll, dass zwei oder mehr BeobachterInnen unabhängig voneinander parallel zum Einsatz kommen. Außerdem muss das zu beobachtende Verhalten im Vorfeld operationalisiert werden (d. h. es muss festgehalten werden, was unter eine bestimmte Kategorie fällt) und das Verhalten muss beobachtbar und quantifizierbar sein.

Erfassung von Auftretenshäufigkeit

Soll die Auftretenshäufigkeit eines Verhaltens (z. B. Reinrufen in die Klasse) gezählt werden, bietet sich eine Strichliste an. Soll die Dauer eines Verhaltens (z. B. des konzentrierten Arbeitens) gemessen werden, kann eine (geräuschlose) Stoppuhr hilfreich sein, um die Zeiten messen und notieren zu können. Soll der Ausprägungsgrad eines Verhaltens (z. B. verbale Unterrichtsstörungen in unterschiedlicher Lautstärke oder Intensität) festgehalten werden, bieten sich entsprechende (ggf. selbst entwickelte) Ratingskalen an.

Um die Beobachtungen möglichst einheitlich und systematisch durchführen zu können, ist ein strukturiertes Schema sinnvoll, in das die Daten eingetragen werden. Dieses sollte so ausführlich wie nötig und so knapp wie möglich gefasst sein, damit die BeobachterInnen nicht überfordert werden (Abb. 8).

Name: ______ Datum: ______

Verhaltensäußerung	Häufigkeit	ggf. Ausprägungsgrad (1 = gering, 2 = mittel, 3 = stark)
MitschülerInnen ärgern (verbal)	I	
MitschülerInnen ärgern (handgreiflich)	III	
Geräusche machen	III	3, 1, 3

Abb. 8: Beispiel eines Schemas für eine (systematische) Verhaltensbeobachtung mit Angabe von Auftretenshäufigkeit und Ausprägungsgrad

Bei der Festlegung von Verhaltenskategorien ist darauf zu achten, dass sie jeweils so spezifisch sind, dass sich keine Überschneidungen ergeben.

systematische Analyse

Systematisch durchgeführt kann eine Verhaltensbeobachtung wichtige Hinweise darauf geben, was die möglichen Auslöser eines spezifischen Verhaltens sind bzw. was zur Verstärkung und damit zur Aufrechterhaltung beiträgt. Aus den so gewonnenen Informationen lassen sich Hinweise auf sinnvolle Veränderungen im schulischen Umfeld oder auch spezifische Unterstützungsmaßnahmen ableiten. Wird eine entsprechende Intervention realisiert, kann eine erneute systematische Beobachtung unter vergleichbaren Bedingungen nach einiger Zeit zeigen, ob die Intervention erfolgreich war. Weitere hilfreiche Informationen zur systematischen Verhaltensbeobachtung finden sich in Kapitel 2.3 sowie hier:

Faßnacht, G. (2007): Systematische Verhaltensbeobachtung. UTB, Stuttgart

2.3 Wirksamkeitsüberprüfung von Unterstützungs- und Fördermaßnahmen

Wenn die Wirksamkeit einer pädagogischen Maßnahme überprüft werden soll, ist es sinnvoll, systematisch vorzugehen. Dabei gibt es prinzipiell zwei verschiedene Ansätze: die summative und die formative Evaluation.

2.3.1 Summative Evaluation

Bei einer summativen Evaluation wird das Merkmal, das sich durch die Intervention messbar verändern soll, sowohl vor Beginn der Intervention als auch erneut nach dem Interventionszeitraum erfasst. Falls die Intervention erfolgreich gewesen ist, sollte sich dies in einer deutlichen Veränderung der Werte vom Prä- zum Posttest zeigen (z.B. in der Abnahme störender Interaktionen oder in der Zunahme des konzentrierten Arbeitsverhaltens). Aufgrund der prinzipiellen Anlage von Prä-Posttest-Vergleichen (nur zwei Messzeitpunkte an vielen Personen) eignet sich diese Vorgehensweise vor allem, wenn für eine Evaluation eine große Personenanzahl zur Verfügung steht, aus denen eine Kontroll- und eine Experimentalgruppe gebildet werden kann. Da dies in schulischen Settings selten der Fall ist, soll im Folgenden genauer auf die formative Evaluation als Möglichkeit der Wirksamkeitsüberprüfung eingegangen werden (Hintz et al. in Druck a).

2.3.2 Formative Evaluation

Bei der formativen Evaluation steht die individuelle Entwicklung im Laufe einer Intervention im Fokus. Wird hierbei im Sinne einer kontrollierten Einzelfallstudie vorgegangen, werden viele genaue Messungen eines Merkmals (das sich durch die Intervention messbar verändern soll) kontinuierlich bei einzelnen Personen in Phasen mit und ohne Förderung vorgenommen.

Erfassung individueller Entwicklungen

Durch die engmaschige Erfassung der Entwicklungen können noch während der Intervention Schlüsse für eventuell nötige Optimierungen der Maßnahme gezogen werden (Hintz et al. in Druck a).

Grundlegendes Prinzip kontrollierter Einzelfallstudien: A-B-Design

Das grundlegende Prinzip von kontrollierten Einzelfallstudien zeigt Abbildung 9.

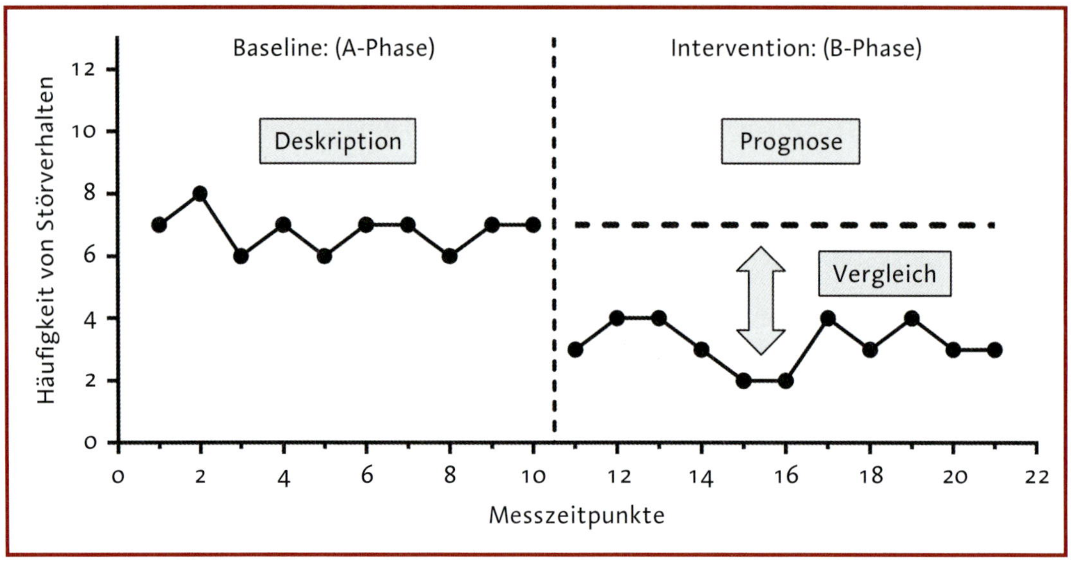

Abb. 9: Grundlegendes Prinzip von kontrollierten Einzelfallstudien (A-B-Design) (Krull/Hintz 2015, 6)

A-B-Design

Wird ein sogenanntes A-B-Design genutzt, muss sowohl während der Grundratenphase (ohne Intervention) als auch während der Interventionsphase der Aspekt, der messbar durch die Intervention beeinflusst werden soll, sorgfältig und auf die immer gleiche Art systematisch erhoben werden. Hierdurch entsteht die Grundlage für die Datenpunkte, von denen sich im Laufe der Zeit die individuelle Entwicklung ablesen lässt. (Im Fall von Abb. 9 zeigt der Datenverlauf, dass die Häufigkeit des vor der Intervention üblichen Störverhaltens während der Interventionsphase deutlich und stabil abgenommen hat.)

Formen der Datenerhebung

Die Erhebung der Daten kann, je nach Fokus, unterschiedlich durchgeführt werden. Wenn, wie hier, herausforderndes bzw. störendes Verhalten im Fokus steht, bieten sich systematische Verhaltensbeobachtungen und Dokumentationen an. Hierbei muss im Vorfeld festgelegt werden, welches Verhalten beobachtet werden soll (z.B. die Häufigkeit des Hereinrufens in die Klasse oder die Dauer von konzentrierten Arbeitsphasen).

Sollen Aussagen über die Entwicklung einer bestimmten Verhaltensweise (deren Veränderung Ziel der Intervention ist) möglich sein, muss zu jedem Erhebungszeitpunkt dieselbe Verhaltensweise betrachtet werden. Hierzu bietet es sich an, vorher schriftlich festzuhalten, welche Aspekte diese Verhaltensweise umfasst und welche nicht.

Erfassung von Auftretenshäufigkeit

Steht die Veränderung der Auftretenshäufigkeit im Fokus (z.B. die Abnahme des Hereinrufens in die Klasse durch eine gezielte Intervention), bietet sich das systematische Führen einer Strichliste an. In die Strichliste wird dann jeweils in einem festgelegten Zeitraum, in dem im Vorfeld der Intervention viel Hereinrufen zu beobachten war, die Auftretensanzahl des Hereinrufens erfasst (Abb. 10).

Name: | Kalenderwoche:

	Mo 8:10 - 8:25	Di 8:10 - 8:25	Mi 8:10 - 8:25	Do 8:10 - 8:25	Fr 8:10 - 8:25
in die Klasse rufen	IIIII III	IIIII	IIIII IIIII III	IIIII	III

Abb. 10: Beispiel für eine Strichliste im Rahmen einer (systematischen) Verhaltensbeobachtung (Auftretenshäufigkeit in einem vorher festgelegten Zeitraum)

Erfassung von Auftretensdauer

Soll durch die Intervention die Auftretensdauer einer Verhaltensweise verändert werden (z.B. Zunahme der Zeit, in der konzentriert gearbeitet wird) kann der entsprechende Zeitraum mit Hilfe einer Stoppuhr erfasst und im Anschluss systematisch protokolliert werden. Abb. 11 zeigt eine Möglichkeit der systematischen Erfassung der konzentrierten Arbeitszeit eines Kindes im Rahmen der Stillarbeitsphasen während der ersten Stunde im Verlauf einer Woche.

Name: | Kalenderwoche:

	Mo 8:10 - 8:25	Di 8:10 - 8:25	Mi 8:10 - 8:25	Do 8:10 - 8:25	Fr 8:10 - 8:25
Konzentriertes Arbeiten	2:30 Min.	12:50 Min.	18:15 Min.	17:15 Min.	3:25 Min.

Abb. 11: Beispiel für systematische Erfassung der Auftretensdauer von spezifischem Verhalten im Rahmen einer (systematischen) Verhaltensbeobachtung in einem vorher festgelegten Zeitraum

Aussagekraft Grundrate

Damit von der Grundratenphase aus eine möglichst verlässliche Prognose für die theoretisch anzunehmende weitere Entwicklung (falls keine Intervention eingesetzt würde) gegeben werden kann, muss bereits die Grundratenphase mindestens fünf Datenerhebungen umfassen, um den „Ist-Stand" abzubilden, bevor die Intervention startet (Abb. 9). Für eine verlässliche Prognose ist auch wichtig, dass der Entwicklungsverlauf in der Grundratenphase möglichst stabil ist (d.h. es gibt weder starke Trends nach oben oder unten noch Ausreißer, d.h. Datenpunkte, die in starkem Maße „aus der Reihe tanzen").

> Je genauer die Intervention zur individuellen Ausgangssituation passt (also das Kind oder den Jugendlichen in seinem jeweiligen Bedarf unterstützt) und je systematischer die Beobachtung das spezifische Verhalten erfasst, desto belastbarere Aussagen über den tatsächlichen Effekt der Intervention sind möglich.

Einen genaueren Einblick in die Durchführung kontrollierter Einzelfallstudien bieten Jain und Spieß (2012). Eine praktische Anleitung zur selbstständigen Evaluation von pädagogischen Maßnahmen in der Praxis findet sich u.a. bei Hintz et al. (in Druck b, c). Weitere Hinweise zur Datenanalyse finden sich beim What Works Clearingshouse (U.S. Department of Education 2013) oder auch bei Paal et al. (2017c).

2.4 Standardisierte Testverfahren

Neben verschiedenen Möglichkeiten der alltäglichen Diagnostik (z.B. Sichten von Arbeitsergebnissen, teilnehmende Beobachtung an Lern- und Arbeitsprozessen) existieren auch standardisierte Testverfahren, mit denen gezielt Aspekte der emotionalen oder sozialen Entwicklung bzw. damit im Zusammenhang stehende Merkmale und Aspekte standardisiert erfasst werden können.

alltagspraktische Tests

Während manche standardisierte Testverfahren insbesondere für PsychologInnen oder Förderlehrkräfte erhältlich sind und z.B. für die Überprüfung sonderpädagogischen Unterstützungsbedarfs oder zur klinischen Diagnose spezifischer Störungsformen (wie z.B. Depressionen, Leistungs-, Schul- oder sozialer Angst, Aggression) eingesetzt werden, existieren weitere standardisierte Testverfahren, die auch für allgemeine Lehrkräfte ohne diesbezügliche Ausbildung durchführbar und auswertbar sind. Verschiedene standardisierte Tests, die auch von allgemeinen Lehrkräften durchführbar und auswertbar sind und deren Ergebnisse im Kontext von herausforderndem Verhalten im Schulalltag interessant sein könnten, werden im Folgenden vorgestellt.

Lehrer- bzw. Schülereinschätzliste für Sozial- und Lernverhalten

Die Lehrereinschätzliste für Sozial- und Lernverhalten (LSL) von Petermann und Petermann (2013) bietet Lehrkräften an allen Schulformen die Möglichkeit, mehrfach im Jahr die Entwicklung ihrer SchülerInnen (von sechs bis neunzehn Jahren) zu beurteilen. Auch für den vorschulischen Bereich kann die LSL zur Diagnose von Auffälligkeiten im Verhalten (z.B. Lern- und Sozialverhalten) hilfreich sein. Im Bereich des Sozialverhaltens werden Selbstwahrnehmung und -kontrolle, Hilfsbereitschaft, (angemessene) Selbstbehauptung, Kooperation und Sozialkontakt in den Fokus genommen. Die Erfassung des Lernverhaltens erfolgt anhand folgender Kategorien: Anstrengungsbereitschaft, Ausdauer, Konzentration sowie Sorgfalt und Selbstständigkeit beim Lernen. Die Ergebnisse können als Grundlage für Konferenzen oder Gespräche (z.B. mit Eltern) hilfreich sein. Sie können auch, falls die Erhebung unmittelbar vor und nach einer Intervention stattfindet, mögliche Anhaltspunkte zur Wirksamkeit der Maßnahme geben.

Die Schülereinschätzliste für Sozial- und Lernverhalten (SSL) von Petermann und Petermann (2014) ergänzt die LSL um die Perspektive der SchülerInnen. Auch sie kann in allen Schulformen (ab vierter Klasse) zum Einsatz kommen. Hier beantworten Schülerinnen 40 Aussagen zu den zwei Bereichen Sozial- und Lernverhalten in Form eines Fragebogens, die sie rückblickend auf die letzten vier Wochen jeweils dahingehend einschätzen sollen, ob sie das beschriebene Verhalten „nie", „selten", „manchmal" oder „oft" gezeigt haben.

Fragebogen zur Erfassung emotionaler und sozialer Schulerfahrungen von Grundschulkindern erster und zweiter Klassen bzw. dritter und vierter Klassen

Der Fragebogen zur Erfassung emotionaler und sozialer Schulerfahrungen von Grundschulkindern erster und zweiter bzw. dritter und vierter Klassen (Rauer/Schuck 2003; 2004) besteht aus verschiedenen Aussagen zum Selbstkonzept, zur sozialen Integration, zum Klassenklima, zum Wohlbefinden in der Schule, zur Lernfreude, zur Anstrengungsbereitschaft sowie zum Gefühl des Angenommenseins. Ihre persönliche Einschätzung zu den jeweiligen Aussagen (z.B. „Ich fühle mich in der Klasse wohl", „Meine Mitschüler trösten mich, wenn ich traurig bin" oder „Ich kann gut lesen") geben die Kinder durch ein Kreuz auf einer vierstufigen Skala (von „stimmt gar nicht" bis „stimmt genau") an. Die Ergebnisse geben Einblick in die subjektiven sozialen und emotionalen Erfahrungen der Kinder.

Strength and Difficulties Questionnaire

Die deutschsprachige Fassung des Strength and Difficulties Questionnaire (SDQ, Klasen et al. 2003) ist ein kurzer Fragebogen zur Erfassung von prosozialem bzw. problematischem Verhalten bei Kindern und Jugendlichen im Alter von vier bis sechzehn Jahren. Neben Aussagen zum prosozialen Verhalten erlaubt der SDQ Angaben zu wahrgenommenen emotionalen Problemen, zu Hyperaktivität bzw. Aufmerksamkeitsproblemen, zu Problemen im Umgang mit Gleichaltrigen sowie Auffälligkeiten im Verhalten. Der SDQ ist in verschiedenen Versionen (kostenfrei im Internet unter: www.sdqinfo.com) erhältlich. Er ermöglicht die Fremdeinschätzung (durch Eltern bzw. Lehrkräfte) aber auch die Selbstbeurteilung durch das jeweilige Kind bzw. den Jugendlichen.

Soziometrische Erhebung

Eine soziometrische Erhebung wird genutzt, um Einblick in die soziale Struktur einer (Lern-)Gruppe zu bekommen. Hierbei beantwortet jedes Kind schriftlich und aus der eigenen Perspektive heraus eine Frage, die die Lehrkraft zu einem aktuell relevanten Aspekt wie z.B. zur wahrgenommenen sozialen Integration oder dem Sozialverhalten in der Gruppe auf einen Fragebogen gedruckt hat.

Beispielfragen zur sozialen Integration:

- „Neben welchen Kindern möchtest du am liebsten sitzen?"
  bzw. in der ablehnenden Form
- „Neben welchen Kindern möchtest du nicht so gern sitzen?"
  oder
- „Mit welchen Kindern spielst du am liebsten?"
  bzw. in der Verneinungsform
- „Mit welchen Kindern spielst du nicht so gerne?"

Beispielfragen zum Sozialverhalten:

- „Welche Kinder helfen am meisten anderen Kindern?“
  oder
- „Welche Kinder sind gemein zu anderen Kindern?“

Die Rückmeldungen geben Hinweise auf die sozialen Netzwerke in der Klasse und zeigen z.B. auf, ob und welche Kinder sozial ausgegrenzt sind (viele Nennungen durch andere bei einer entsprechenden Fragestellung), kaum durch andere Kinder wahrgenommen werden (wenige Nennungen) oder auch besonders beliebt sind (viele Nennungen bei entsprechender Fragestellung). Die Ergebnisse geben auch Einblicke in die individuellen Nennungen der Kinder und ihre jeweiligen Vorlieben bzw. Abneigungen gegenüber den anderen Mädchen und Jungen in ihrer Lerngruppe.

Um einen Überblick über das Klassengefüge zu bekommen, werden die Antworten in ein Raster (Soziomatrix) eingetragen (Tab. 2). Sowohl in die Spalten als auch in die Zeilen werden die Namen aller Kinder der Gruppe eingetragen, wobei darauf zu achten ist, dass die gleiche Reihenfolge der Namen eingehalten wird. Soll die Spalte unter dem Namen eines Kindes Auskunft darüber geben, welche Nennungen es durch andere erhalten hat, müssen die Nennungen der anderen (deren Namen in den Zeilen abgetragen sind) jeweils mit einer 1 in der Spalte eingetragen werden. In der letzten Zeile einer Spalte kann die Anzahl der Gesamtnennungen eines Kindes eingetragen werden. Nichtnennungen werden mit 0 eingetragen.

Tab. 2: Beispielhaft ausgefüllte Soziomatrix zur Frage „Neben welchen Kindern möchtest du am liebsten sitzen?“

	Lars	Cengiz	Michael	Julia	Matthias	Larissa	Klara	Darius	Lina	Moritz	Emma	Anzahl Nennungen
Lars	x	0	0	1	1	1	1	0	0	0	0	**4**
Cengiz	1	x	0	0	1	0	0	1	0	1	0	**4**
Michael	1	0	x	0	1	1	0	0	0	0	1	**4**
Julia	1	0	1	x	0	1	0	0	0	0	0	**3**
Matthias	1	0	0	0	x	1	0	0	0	0	1	**3**
Larissa	1	0	1	1	0	x	1	0	0	0	0	**4**
Klara	1	1	1	1	0	1	x	0	0	0	0	**5**
Darius	0	0	0	0	0	0	0	x	0	1	0	**1**
Lina	1	0	1	1	0	1	0	0	x	0	0	**4**
Moritz	0	1	0	0	0	0	0	0	0	x	0	**1**
Emma	1	0	1	1	0	1	0	0	0	0	x	**4**
Anzahl Genannt	**8**	**2**	**5**	**5**	**3**	**7**	**2**	**1**	**0**	**2**	**2**	x

Kulawiak, P.R. (2015): Soziometrie und Netzwerkanalyse. Eine Methode zur Erfassung der Gruppendynamik in inklusiven Schulklassen. Fachportal Wissenschaft – Praxis (Potsdamer Zentrum für Empirische Inklusionsforschung, ZEIF), 1(2). In: www.uni-potsdam.de/fileadmin01/projects/inklusion/PDFs/ZEIF-Blog/Kulawiak_2015_Soziometrie_und_Netzwerkanalyse.pdf, 18.05.2018

Schulische Einschätzung des Verhaltens und der Entwicklung (SEVE)

Der Fragebogen Schulische Einschätzung des Verhaltens und der Entwicklung (SEVE) von Hartke und Vrban (2012) dient der systematischen Einschätzung des Verhaltens bzw. des Entwicklungsstands eines Kindes bzw. Jugendlichen im schulischen Kontext durch die Lehrkraft. Durch das Ausfüllen des Fragebogens und die damit einhergehende Reflexion erarbeitet sich die Lehrkraft einen systematischen Überblick über eine aktuell (problematische) Situation. Hierbei gibt sie ihre Einschätzung bzgl. verschiedener Schwerpunkte auf einer achtstufigen Skala (von „völlig“ bis „nie“) an. Im Schwerpunkt Verhalten werden Einschätzungen zum Verhalten des Kindes inner- und außerhalb des Klassenraums, zum Umgang mit Schulmaterial sowie zum Arbeits- und Sozialverhalten (z.B. auch gegenüber Lehrkräften) erfasst. Hinsichtlich des Entwicklungsstands werden Einschätzungen zu Kognition, Sprache, Motorik und Wahrnehmung, Emotionen sowie Selbstbild, Interessen und Motivation erhoben. Aufbauend hierauf werden Handreichungen zur konkreten Handlungsplanung in der schulischen Praxis gegeben.

Die nachstehenden Literaturtipps umfassen neben dem SEVE für die direkte praktische Nutzung auch zahlreiche pädagogische Handlungsmöglichkeiten.

Hartke, B., Blumenthal, Y., Carnein, O., Vrban, R. (2014): Schwierige Schüler – Sekundarstufe: 64 Handlungsmöglichkeiten bei Verhaltensauffälligkeiten. Persen, Horneburg

Hartke, B., Vrban, R. (2012): Schwierige Schüler – Was kann ich tun? 49 Handlungsmöglichkeiten im Umgang mit Verhaltensauffälligkeiten. Persen, Horneburg

2.5 Abschließende Gedanken

An vielen allgemeinen Schulen sind keine oder nur wenige standardisierte Tests vorhanden.

Kooperation mit Kompetenzteams

Um Einblick in spezifische Testverfahren oder aber eine kompetente Beratung zu bekommen, kann sich die Kooperation mit einer benachbarten Förderschule oder entsprechenden sonderpädagogischen Beratungsdiensten lohnen. Letztere sind in der Regel auf Ebene der Kreise und Städte angesiedelt, allerdings unterscheiden sich ihre Bezeichnungen (z.B. Kompetenzteam, sonderpädagogischer Bildungs- und Beratungsdienst o.Ä.) und ihre jeweilige organisatorische Verortung (z.B. Schulamt) von Region zu Region. Diese Institutionen verfügen oft über Testverfahren, die unter anderem auch bei der Überprüfung eines sonderpädagogischen Unterstützungsbedarfs zum Einsatz kommen.

Memo

Bei allen Vorteilen, die die gewissenhafte Nutzung von Testverfahren haben kann, darf nicht vergessen werden, dass ihre Ergebnisse immer nur ein Puzzlestück in der Analyse einer individuellen und sich ggf. verändernden Gesamtsituation darstellen können. Die Ergebnisse sollten nicht überinterpretiert und die Kinder nach erfolgter Testung auf keinen Fall auf die Ergebnisse des jeweiligen Tests reduziert werden.

3 Prävention bei herausforderndem Verhalten auf verschiedenen Ebenen

Herausforderndem Verhalten kann unterstützend auf Individual-, Klassen- bzw. Gruppen- und Schulebene (oder auch als Kombination verschiedener Ebenen) begegnet werden. Ebenfalls sinnvoll ist es, auch die Intensität der Unterstützung individuell und bedarfsgerecht zu berücksichtigen, indem die Angebote systematisch abgestuft werden. Dies ist insbesondere dann sinnvoll, wenn sichergestellt werden soll, dass sowohl eine breit angelegte Prävention für alle Lernenden (universelle Prävention) stattfindet als auch spezifischere, individualisiertere und intensivere Präventionsbemühungen für Lernende mit einem Risiko für herausforderndes Verhalten (selektive Prävention) bzw. bei bereits bestehendem herausfordernden Verhalten (indizierte Prävention). Für die beiden letzteren Fälle wird im Alltag oft das Wort Intervention genutzt.

Im Folgenden wird ein Überblick über verschiedene manualisierte Präventionsprogramme gegeben. Außerdem werden weitere unterrichts- bzw. schulalltagsimmanente Möglichkeiten der universellen Prävention für alle Lernenden thematisiert als auch solche Handlungsmöglichkeiten, die sich bei bestehendem herausforderndem Verhalten als sinnvoll erweisen. Ausblickend soll auf das Konzept des School-Wide Positive Behavior Support eingegangen werden, um ein praxiserprobtes und ressourcenschonendes Rahmenkonzept zur Mehrebenen-Prävention vorzustellen, bei dem die emotionalen und sozialen Kompetenzen der Lernenden schulweit durch die Einbettung in die alltäglich gelebte Schulkultur unterstützt werden.

3.1 Manualisierte Präventionsprogramme

Zur Prävention von herausforderndem oder unangemessenem Verhalten existieren auch im deutschsprachigen Bereich verschiedene hinsichtlich ihrer Wirksamkeit positiv evaluierte Konzepte und Förderprogramme. Diese zielen meist darauf ab, emotionale und soziale Kompetenzen von SchülerInnen ihrem Alter und ihrem Entwicklungsstand entsprechend zu unterstützen bzw. zu fördern und so ungünstigen Entwicklungen vorzubeugen und unangemessene Verhaltensweisen zu verringern.

Konzepte für Grundschule

Beispiele manualisierter Präventionsprogramme für das Grundschulalter:

Fröhlich-Gildhoff, K., Becker, J., Fischer, S. (2012): Prävention und Resilienzförderung in Grundschulen – PRiGS. Ein Förderprogramm. Ernst Reinhardt, München/Basel

Hillenbrand, C., Hennemann, T., Hens, S., Hövel, D. (2018): Lubo aus dem All! 1. & 2. Klasse. Programm zur Förderung sozial-emotionaler Kompetenzen. 4. Aufl. Ernst Reinhardt, München/Basel

Petermann, F., Koglin, U., Natzke, H., Marées, N. v. (2013): Verhaltenstraining in der Grundschule: Ein Programm zur Förderung emotionaler und sozialer Kompetenzen. Hogrefe, Göttingen

Konzepte für Sekundarstufe

Beispiele manualisierter Präventionsprogramme für den Bereich der Sekundarstufe:

Beyer, A., Lohaus, A. (2006): Stressbewältigung im Jugendalter. Ein Trainingsprogramm. Hogrefe, Göttingen

Junge, J., Neumer, S., Manz, R., Margraf, J. (2002): Gesundheit und Optimismus (GO). Ein Trainingsprogramm für Jugendliche. PVU/Beltz, Weinheim

Petermann, F., Petermann, U. (2007): Training mit Jugendlichen: Aufbau von Arbeits- und Sozialverhalten. Hogrefe, Göttingen

Pössel, P., Horn, A., Seemann, S., Hautzinger, M. (2004): Lebenslust mit Lars & Lisa. Interventions- und Präventionsprogramm für Kinder und Jugendliche. Hogrefe, Göttingen

Bei jedem dieser Konzepte steht ein anderer Aspekt der emotionalen und sozialen Kompetenzen im Fokus, der theoriebasiert und strukturiert für eine spezifische Zielgruppe aufbereitet wurde.

positiv evaluierte Konzepte

Einen Überblick über deutschsprachige Förderprogramme und -konzepte, die wissenschaftlich evaluiert und als wirksam befunden wurden, finden sich u. a. hier:

Landespräventionsrat Niedersachsen: Grüne Liste Prävention – CTC – Datenbank empfohlener Präventionsprogramme. In: www.gruene-liste-praevention.de/nano.cms/datenbank/information, 11.05.2018

Lohaus, A., Domsch, H. (2009): Psychologische Förder- und Interventionsprogramme für das Kindes- und Jugendalter. Springer, Heidelberg

Ein genauer Einblick in Aufbau, Zielsetzung und Materialien kann bei der Auswahl des geeigneten Konzepts für die jeweilige Situation (abhängig von der ggf. bestehenden Problematik in der Lerngruppe oder bei einzelnen SchülerInnen) helfen.

Manualisierte Förderprogramme sind in den meisten Fällen entweder für die Gruppen- oder Individualebene konzipiert.

Vorteile manualisierter positiv evaluierter Konzepte

- Die Vorteile vieler manualisierter und positiv evaluierter Konzepte basieren in der Regel auf wissenschaftlich erforschten Theorien.
- Die jeweils aufeinander aufbauend entwickelten Einheiten sind hinsichtlich Ablauf und Inhalt skizziert.
- Sie enthalten in der Regel alle benötigten Materialien, die oft für die jeweilige Klientel schon grafisch ansprechend gestaltet sind, und lassen sich meist mehrfach verwenden.
- Sie sind käuflich zu erwerben (manchmal in Kombination mit einer entsprechenden Handpuppe o.Ä., mit der durch das Programm geführt wird).

All das kann in der Praxis viel Vorbereitungszeit ersparen. Allerdings gehen mit manualisierten Programmen auch Nachteile einher.

Nachteile manualisierter Konzepte

- Durch die festgelegte Anzahl an skizzierten Sitzungen (z.B. zehn Einheiten verteilt über zehn Wochen) findet die Förderung oft nur in einzelnen Stunden statt und endet nach einem gewissen Zeitraum.
- Meist sind die Fördereinheiten so konzipiert, dass ihre Umsetzung außerhalb des regulären Unterrichts (also nicht unterrichts- oder schulalltagsimmanent) stattfindet und so ein Transfer des Gelernten in den Schulalltag und seine vielfältigen Situationen erschwert ist.
- Durch ihre Anlage werden sie meist kein natürlicher Teil der gelebten Schulkultur.
- Ihre Anschaffung kostet Geld.
- Sie können hinsichtlich ihrer Ausgestaltung veralten.
- Häufig ist keine Berücksichtigung individueller Unterstützungs- oder Vertiefungsbedarfe vorgesehen.
- Es lässt sich nicht immer logisch ableiten, wie SchülerInnen unterstützt werden sollten, die von dem gewählten Angebot nicht (genügend) profitieren können.

Die Chance, dass ein manualisiertes Programm den gewünschten Nutzen bringt, erhöht sich mit dem Grad seiner Passung zu der jeweils vorliegenden Situation. Diese Passung sollte sorgsam im Vorfeld z.B. auf Basis entsprechender systematischer Beobachtungen oder anderer diagnostischer Bemühungen abgewogen werden (Kap. 2). Natürlich wäre es aber auch bei bestmöglicher Passung zu viel erwartet, wenn man meinen würde, dass die Durchführung eines Programms ein Allheilmittel für die gesamte Vielfalt der im Schulalltag auftretenden Herausforderungen auf Verhaltensebene sein könnte.

3.2 Prävention für alle – Möglichkeiten universeller Prävention

Um alle Lernenden in der Schule bestmöglich hinsichtlich ihrer Lern- und Entwicklungschancen zu unterstützen und ungünstigen Entwicklungen vorzubeugen, ist es sinnvoll, in universelle Prävention zu investieren. Im Folgenden soll auf die Aspekte des Classroom Managements und die Merkmale guten Unterrichts eingegangen werden, da beide grundlegend für gelingende universelle Prävention auf Klassen- bzw. Gruppenebene sind.

3.2.1 Classroom Management

Erfolgreiches Classroom Management (CM) durch die Lehrkraft spielt eine wichtige Rolle, damit möglichst alle Lernenden emotional-sozial und inhaltlich vom Unterricht profitieren können. Durch CM kann Störungen und Missverständnissen erfolgreich vorgebeugt bzw. begegnet werden, was auch die Lehrkraft entlastet.

Evertson und Emmer (2009) sowie Nolting (2011) beschreiben verschiedene erlernbare proaktive (d. h. Störungen vorbeugende) und reaktive (d. h. als Konsequenz auf Störungen folgende) Aspekte eines erfolgreichen CM.

pro- und reaktive Faktoren

Proaktive Faktoren des Classroom Managements

1 **Vorbereitung des Klassenraumes:** Eine angemessene Vorbereitung des Klassenraums auf das geplante Unterrichtsgeschehen, z. B. durch die sinnvolle Anordnung von benötigten Materialien zur Vorbeugung von Staus und Wartezeiten, kann Verdruss und Störungen verhindern.

2 **Erarbeitung und Unterrichtung von Regeln und Verfahrensweisen:** Hierdurch werden Handlungsabläufe im Schulalltag routinierter und es entsteht weniger Unruhe, weil alle wissen, was in welcher Situation erwartet wird bzw. wie verfahren wird. Hierbei spielt auch die Präsenz der Lehrkraft (Raummanagement) sowie das angemessene Setzen von Stopp-Signalen eine wichtige Rolle.

3 **(Frühe) Festlegung von Konsequenzen:** Wenn von Anfang an gemeinsame Regeln etabliert und transparent gemacht werden, ist es leichter (und nimmt weniger Zeit in Anspruch), mögliche Verstöße gegen diese Regeln anzusprechen und gezielte Maßnahmen zur zukünftigen Unterstützung zu ergreifen (siehe reaktive Faktoren).

4 **Schaffung eines positiven Lern- bzw. Klassenklimas:** In einem angstfreien, positiven Klima können SchülerInnen besser lernen und evtl. auch neue Wege zum Lernziel ausprobieren.

5 **Beaufsichtigung:** Wer sich beaufsichtigt fühlt, denkt eher an die gemeinsam vereinbarten Regeln sowie damit einhergehende erwünschte Verhaltensweisen und neigt weniger zu Regelbrüchen.

6 **Adäquate Unterrichtsvorbereitung:** Wenn die Lehrkraft gut und differenziert vorbereitet ist, fühlen sich alle SchülerInnen angesprochen, es kommt seltener zu Leerlauf, der Unterricht läuft schwungvoll und lässt weniger Raum für störendes Verhalten.

7 **Festlegung von SchülerInnen-Verantwortlichkeiten:** Wenn SchülerInnen für etwas verantwortlich sind und diese Verantwortung ernst nehmen (u.a. durch sukzessive Übertragung von Verantwortung im Rahmen von Klassenämtern, wie z.B. dem Tafeldienst; in Unterrichtssituationen, wie z.B. der Übernahme einer bestimmten Aufgabe während Gruppenarbeitsphasen; oder für Situationen im Schulalltag, wie z.B. die Streitschlichtung), fühlen sie sich oft wohler in ihrer Klasse und ihr Selbstwirksamkeitserleben steigt, was herausforderndem Verhalten vorbeugen kann.

8 **Unterrichtliche Klarheit:** SchülerInnen, die einen roten Faden im Unterricht erkennen können, folgen ihm eher, als wenn ein diffuses Durcheinander auf sie einwirkt.

9 **Verwendung kooperativer Lernformen:** Wenn SchülerInnen kooperativ lernen, sind im Optimalfall alle aktiv beteiligt und für das Arbeitsergebnis mitverantwortlich. Um Kooperationsfähigkeit aufbauen zu können, sollte diese frühzeitig in der Schule eingeübt werden können. Hierzu ist je nach Ausgangslage der jeweiligen SchülerInnen ein unterschiedliches Ausmaß an Anleitung und Unterstützung notwendig.

Reaktive Faktoren des Classroom Managements

1 **Unterbinden unangemessenen Verhaltens:** Wenn trotz guter Klassenführung und angemessen differenziertem Unterricht unangemessene Verhaltensweisen auftreten, sollte die Lehrkraft das unangemessene Verhalten konsequent unterbinden und mögliche Faktoren, die das Verhalten verursacht haben bzw. zu dessen Aufrechterhaltung beitragen, erkennen und, wenn möglich, dafür Sorge tragen, dass das Verhalten (u.a. zukünftig durch günstigere Bedingungen) nicht wieder auftritt.

2 **Nutzung geeigneter Strategien für mögliche Probleme:** Natürlich ist nicht für jedes Problem dieselbe Strategie nützlich. Aus diesem Grund ist es sinnvoll, für Probleme, die im jeweiligen schulischen Kontext häufiger auftreten, geeignete Strategien im Vorfeld gemeinschaftlich im Kollegium zu erarbeiten und sich diesbezüglich abzustimmen. Dadurch werden Abläufe für alle Beteiligten transparent und im Falle eines Problems muss das Rad nicht neu erfunden werden.

Um CM erfolgreich zu etablieren und so dem Auftreten von herausforderndem Verhalten bestmöglich vorzubeugen, ist eine ausgewogene und situationsangemessene Umsetzung der oben genannten Punkte wichtig. Hierauf sollte von Anfang an (also startend mit dem ersten Kontakt) konsequent geachtet werden, da SchülerInnen sehr schnell merken, ob eine Lehrkraft konsequent oder inkonsequent handelt, und sich darauf einstellen.

Weitere nützliche Hinweise zum CM finden sich hier:

Eichhorn, C. (2017): Classroom-Management: Wie Lehrer, Eltern und Schüler guten Unterricht gestalten. Klett-Cotta, Stuttgart

3.2.2 Merkmale guten Unterrichts

Über gelingendes CM hinaus kann auch guter Unterricht dazu beitragen, herausforderndem Verhalten vorzubeugen. Häufig ist zu beobachten, dass Beeinträchtigungen im Verhalten und im Lernen miteinander in Bezug stehen: Einerseits können Lernende, die aus verschiedensten (nicht aus schlechtem Unterricht resultierenden) Gründen herausforderndes oder störendes Verhalten zeigen, oft nicht gut dem Unterricht folgen, was ihr Lernen beeinträchtigt und zu Lernrückständen führen kann. Hieraus kann sich ein Teufelskreis entwickeln. Andererseits kann schlechter Unterricht (z.B. fehlende Strukturierung oder Über- und Unterforderung der SchülerInnen) zu einer Zunahme von herausforderndem Verhalten führen, was sich ebenfalls zu einem Teufelskreis entwickeln kann.

Mit der Frage, welche Merkmale guten Unterricht ausmachen, haben sich im deutschsprachigen Raum u.a. Meyer (2004) oder Helmke (2015) befasst und die von ihnen formulierten Merkmale wurden vielfach publiziert.

international und forschungsbasiert

Im internationalen Raum finden die auf forschungsbasierten Ausführungen von Brophy beruhenden Merkmale, wie sie z.B. vom International Bureau of Education veröffentlicht wurden, großen Anklang. Sie sollen an dieser Stelle knapp skizziert werden (nach Brophy 2000):

1. **Klassenklima:** Ein unterstützendes Klassenklima ist dadurch gekennzeichnet, dass die SchülerInnen sich gegenseitig stützen und zusammenhalten.
2. **Lernmöglichkeiten:** Je mehr Unterrichtszeit für das aktive Lernen zur Verfügung steht, desto mehr lernen SchülerInnen auch. Dabei kann ein gutes CM unterstützend wirken, weil es Störungen minimiert.
3. **Gesamtcurriculum:** Wenn das Gesamtcurriculum so gestaltet ist, dass die einzelnen Teile zusammen ein sinnvolles Ganzes ergeben, lassen sich Lernziele einfacher erreichen, da es leichter ist, sinnvoll Zusammenhängendes zu lernen als Unzusammenhängendes.

4 **Orientierung für den Lernprozess:** Es hilft SchülerInnen beim Lernen, wenn sie die Lernziele kennen und wissen, welche Lernstrategien hilfreich sind. Auch das Aufzeigen grundlegender Strukturen durch die Lehrkraft kann beim Lernen Orientierung bieten.

5 **Sinnvoll zusammenhängende Lerninhalte:** SchülerInnen behalten Lerninhalte besser, wenn sie darin einen Sinn erkennen und wenn die Strukturen des Stoffs sowie Verbindungen zu anderen Inhalten sichtbar werden.

6 **Wohlüberlegte Unterrichtsgespräche:** Die Fragen der Lehrkraft im Unterrichtsgespräch sollten nicht nur Wissen abfragen, sondern dazu beitragen, dass sich die SchülerInnen mit den Kernideen des Unterrichtsstoffs intensiv und strukturiert auseinandersetzen können.

7 **Übung, Anwendung und Feedback:** Wenn Schülerinnen ausreichend Zeit erhalten, um Gelerntes anzuwenden und zu üben, bleibt dieses länger im Gedächtnis. Unterstützend wirkt hier ein regelmäßiges Feedback zu den individuellen Lernfortschritten.

8 **Unterstützung der Lernaktivitäten:** SchülerInnen benötigen individuell abgestimmte Unterstützungsangebote, um erfolgreich ihre jeweiligen Aufgaben bearbeiten zu können.

9 **Vermitteln von Lern- und Selbstregulationsstrategien:** SchülerInnen lernen Lern- und Selbstregulationsstrategien leichter selbst anzuwenden, wenn die Lehrkraft sie nicht nur vermittelt, sondern selbst auch entsprechend als Vorbild bzw. Modell handelt.

10 **Kooperative Lernformen:** Wenn SchülerInnen zu zweit oder in kleinen Gruppen arbeiten, können sie sich gegenseitig beim Erlernen von Fertigkeiten oder beim Verstehen von Lerninhalten unterstützen und profitieren so voneinander. (SchülerInnen, die häufig herausforderndes Verhalten zeigen, benötigen häufig Hilfe und Unterstützung durch die Lehrkraft, um erfolgreich mit anderen zusammenarbeiten zu können. Die Art der benötigten Unterstützung ist dabei abhängig von der individuellen Ausgangslage der SchülerInnen.)

11 **Erfassen der individuellen Lernfortschritte:** Für die weitere Planung des Unterrichts ist es sinnvoll und notwendig, die individuellen Lernfortschritte häufig genug zu erfassen. Dabei können standardisierte oder informelle Verfahren Anwendung finden. So erhält die Lehrkraft einen kontinuierlichen Überblick darüber, wie es um die individuellen Lernstände hinsichtlich der jeweiligen Lernziele steht.

12 **Leistungserwartungen:** Es ist sehr hilfreich für SchülerInnen zu wissen, welche Leistungen die jeweilige Lehrkraft von ihnen erwartet. Diese Leistungserwartungen sollten angemessen sein und klar kommuniziert werden.

Ein etwas detaillierterer Einblick in die zugrunde liegenden Forschungsergebnisse (und Hinweise auf entsprechende Studien) sowie ausführlichere Erklärungen, was diese konkret für die praktische Nutzung im Klassenraum bedeuten, finden sich hier:

Brophy, J. (2000): Teaching (Educational Practices Series, Vol. 1). International Academy of Education & International Bureau of Education, Brussels: In: www.ibe.unesco.org/fileadmin/user_upload/archive/Publications/educationalpracticesseriespdf/prac01e.pdf, 18.05.2018

3.3 Prävention bei bereits bestehendem herausforderndem Verhalten – Interventionsstrategien

3.3.1 Möglichkeiten auf Gruppenebene

Das Klasse-Kinder-Spiel

Das Klasse-Kinder-Spiel (KKS) ist eine pädagogische Handlungsmöglichkeit auf Gruppenebene, die aus den USA stammt, wo es als Good Behavior Game bekannt ist (Hillenbrand/Pütz 2008). Das Good Behavior Game wurde bereits in verschiedenen Studien mit SchülerInnen unterschiedlichen Alters positiv hinsichtlich der Wirksamkeit zur Verringerung von störendem oder herausforderndem Verhalten im Unterricht evaluiert (Hintz et al. in Druck a).

Einüben gemeinsamer Regeln

Das KKS ist geeignet, um das Einhalten (neuer) gemeinsamer Klassenregeln einzuüben. Eine überschaubare Anzahl (z.B. drei) an grundlegenden Klassenregeln wird im Vorfeld gemeinsam mit den Kindern erarbeitet.

mögliche Klassenregeln

Sie sollten positiv formuliert sein und könnten z.B. in Anlehnung an Hillenbrand et al. (2015) wie folgt lauten: „Ich bin freundlich und fair", „Ich bin leise und höre gut zu" und „Ich arbeite aufmerksam und sorgfältig". Nachdem die Klassenregeln gemeinsam festgelegt worden sind, kann das KKS gespielt werden. Hierzu wird die Klasse in Teams aufgeteilt, die während einer kurzen, vorher festgelegten und für alle transparent gemachten Spielzeit (z.B. fünf oder zehn Minuten pro Tag) versuchen, möglichst wenig Regelverstöße (Fouls) zu begehen. Die während der Spielzeit aufgetretenen Fouls werden von der Lehrkraft für das jeweilige Team auf einer dafür vorbereiteten, für alle sichtbaren Liste festgehalten und sachlich benannt.

Vermeidung von Fouls

Erst nach Ende des Spiels wird auf die Fouls eingegangen und gemeinsam reflektiert, wie die Fouls hätten vermieden werden können, um daraus für vergleichbare Situationen in der Zukunft zu lernen. Beim KKS gewinnen entweder alle Teams, die unter einer vorher festgelegten Anzahl an Regelverstößen geblieben sind, oder das Team, das insgesamt die wenigsten Fouls begangen hat.

Belohnung

Die jeweilige Spielart sollte vorher transparent gemacht werden. Die Gewinner bzw. das Gewinnerteam erhalten eine kleine für sie reizvolle Belohnung, die leicht für die Lehrkraft zu realisieren ist (z.B. einen Sticker, ein Kaugummi, PC-Zeit).

Weiterführende Informationen zum KKS finden sich bei:

Hillenbrand, C., Pütz, K. (2008): Das KlasseKinderSpiel. Spielerisch Verhaltensregeln lernen. edition Körber-Stiftung, Hamburg

Hintz, A.M., Paal, M., Krull, J. (in Druck): Evaluation des KlasseTeamSpiels mit einer sechsten Hauptschulklasse im Rahmen einer kontrollierten Einzelfallstudie. In: Hillenbrand, C., Hennemann, T., Pütz, K., Käter, C. (Hrsg.), KlassenKinderSpiel: Spielerisch Verhaltensregeln lernen. Edition HPA, Köln

Positive Peer Reporting

Unter dem Begriff Positive Peer Reporting (PPR) werden pädagogische Maßnahmen verstanden (z.B. Tootling; Hintz et al. 2015; Krull et al. 2017), die zum Ziel haben, positive Verhaltensweisen und Interaktionen von Kindern oder Jugendlichen zu fördern und möglicherweise bestehende soziale Ausgrenzungsprozesse zu verringern (Krull et al. 2017).

Peers loben sich systematisch

Hierbei bekommen die Lernenden nach Einführung durch die Lehrkraft die Aufgabe, im Laufe des Schultags ein Augenmerk auf positive Interaktionen ihrer Peers zu haben und gesehene positive Interaktionen im Rahmen des PPR lobend hervorzuheben.

PPR kann, je nach Ziel, in unterschiedlichen Spielweisen realisiert werden, die allesamt in die drei Phasen „Vorbereitung", „Einübung" und „Umsetzung" untergliedert werden können. Abbildung 12 gibt einen Überblick über die verschiedenen Schritte.

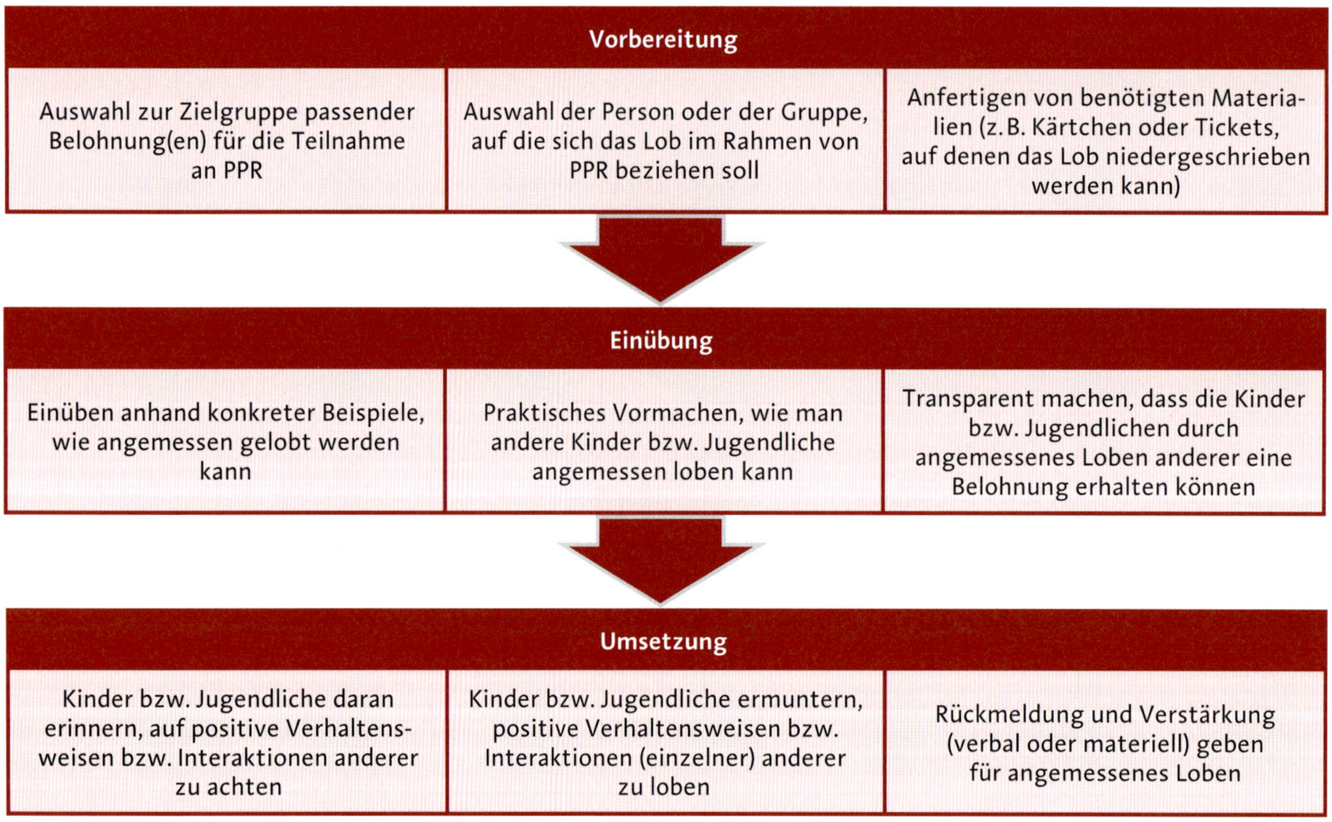

Abb. 12: Phasen der Umsetzung von Positive Peer Reporting (Krull et al. 2017, 13)

Fokus: einzelne oder alle

Bevor mit dem PPR gestartet werden kann, muss von der Lehrkraft entsprechend der aktuellen Situation entschieden werden, ob einzelne SchülerInnen vom zusätzlichen systematischen Lob für erwünschtes Verhalten im Rahmen des PPR profitieren sollen oder die gesamte Lerngruppe.

Materialien

Auch die benötigten Materialien sollten (ggf. gemeinsam mit den SchülerInnen) vorbereitet werden (z.B. Tickets zum Aufschreiben von Lob; ein Sammelbehältnis für Lobkärtchen; ein Lobbaromenter, das anzeigt, wie viele Lobkärtchen noch bis zur nächsten gemeinsamen Belohnung zu sammeln sind).

Entscheidet die Lehrkraft, dass für eine vorab gemeinsam vereinbarte Anzahl an adäquat gegebenem Lob eine Belohnung für die Gruppe erfolgen soll, sollte ebenfalls gemeinsam über reizvolle und zugleich für die Lehrkraft leicht zu realisierende Belohnungen nachgedacht werden.

Vorläuferkompetenzen einüben

Je nach Lerngruppe kann es notwendig sein, grundlegende Vorläuferkompetenzen aufzubauen und gemeinsam mit den SchülerInnen zu thematisieren (und ggf. einzuüben), welche Interaktionen bzw. Verhaltensweisen im Kontext des Schulalltags (z.B. basierend auf den Schul- oder Klassenregeln) als „positiv“ bewertet werden können. Je nach Lerngruppe kann es notwendig sein, im Vorfeld gemeinsam zu überlegen, wie adäquat gelobt werden kann. Hierzu kann die Lehrkraft z.B. Beispiele und „Nicht“-Beispiele nutzen und diese von den SchülerInnen zu den Kategorien „angemessenes Lob“ und „nicht angemessenes Lob“ (oder ähnlich) zuordnen und diskutieren lassen.

Vorbild sein

Außerdem kann die Lehrkraft dadurch unterstützen, dass sie ein gutes Vorbild ist.

Sind die Vorarbeiten erledigt, kann das PPR starten. Während des PPR sollte die Lehrkraft die SchülerInnen gelegentlich daran erinnern und sie ermuntern, ihre Beobachtungen vor allem auf die positiven Interaktionen und Verhaltensweisen ihrer Peers zu fokussieren und diese im Rahmen des PPR als Lob zurückzumelden.

Belohnung

Sobald die vorher gemeinsam vereinbarte Zahl an angemessenem Lob erreicht wurde, ist die vorher abgesprochene Belohnung zu realisieren.

Vorteile

Die Verlagerung der Beobachtung und des Lobs im PPR auf die SchülerInnen hat mehrere Vorteile: Lehrkräfte bekommen im Schulalltag durch ihre vielen Aufgaben nicht alle positiven Interaktionen zwischen den SchülerInnen mit, was dazu führt, dass viele als Vorbild erwähnenswerte Interaktionen nicht von ihnen hervorgehoben werden können. Außerdem kann Lob durch die Lehrkraft für manche SchülerInnen ggf. weniger Wert sein als das Lob von Peers. Durch das PPR kann ebenfalls das Geben und Annehmen von Lob von den SchülerInnen geübt werden, was wiederum wichtige soziale Kompetenzen sind.

Zur weiteren Vertiefung sind die folgenden Artikel zu empfehlen:

Hintz, A.M., Krull, J., Paal, M., Schirmer, R., Boon, R.T., Burke, M.D. (2014): „Du wurdest bei einer guten Tat beobachtet!“ – Förderung positiven Verhaltens durch Tootling. Zeitschrift für Heilpädagogik, 65 (12), 440–453

Krull, J., Hintz, A.M., Paal, M. (2017): Loben statt lästern – Tootling als eine kindgerechte Form des Positive Peer Reporting in der Grundschule. Die Grundschule, 9, 12–16

3.3.2 Möglichkeiten auf Individualebene

Tokensysteme

Üblicherweise basieren Belohnungs- oder Tokensysteme auf dem Prinzip der operanten Konditionierung:

operante Konditionierung

Zeigt eine Person ein mit ihr vorher festgelegtes erwünschtes Verhalten, erhält sie einen Token (einen Eintauschverstärker z. B. in Form eines Aufklebers, eines Chips o. Ä.). Wenn eine vorher festgelegte Anzahl an Token erreicht wurde, kann die Person sie gegen eine in Aussicht gestellte Belohnung eintauschen (z. B. PC-Zeit). Entscheidend ist hierbei, dass das zu erreichende Ziel realistisch gesetzt ist. Gerade zu Beginn sollte es leicht zu erreichen sein, dann kann es peu à peu gesteigert werden. Ebenso sollte die Belohnung für die jeweilige Person einen Reiz haben und dennoch einfach in der schulischen Praxis realisierbar sein.

Verhaltensrepertoire des Kindes

Außerdem ist im Rahmen von Tokensystemen darauf zu achten, dass das erwünschte Verhalten grundsätzlich bereits im Verhaltensrepertoire des Kindes bzw. des Jugendlichen vorhanden ist und nicht erst aufgebaut werden muss.

Das erwünschte Verhalten sollte positiv formuliert werden (Abb. 13; also nicht: „Ich schlage keine Mitschüler.“, was wiederum das Kratzen oder Anspucken nicht beinhalten würde, sondern z. B. „Ich arbeite friedlich mit anderen zusammen“).

Name: ____________ Datum: ____________

	1. Stunde	2. Stunde	3. Stunde	4. Stunde	5. Stunde
Ich melde mich, wenn ich etwas sagen möchte und warte, bis ich aufgerufen werde.	☺	☺	☺		
Ich arbeite friedlich mit anderen zusammen.		☺			☺

Abb. 13: Beispiel für ein Tokensystem mit vereinbartem Zielverhalten über den Verlauf eines Schultags

Bei der Nutzung von Tokensystemen können drei verschiedene Varianten unterschieden werden:

Varianten

Varianten von Tokensystemen

- **Variante 1:** Jedes erwünschte Verhalten wird belohnt.
- **Variante 2:** Am Anfang des Tages erhält das Kind bzw. der Jugendliche z. B. zehn bunte Steinchen als Eintauschverstärker. Bei störendem Verhalten muss ein Stein abgegeben werden, und wenn am Ende des Tages mindestens ein

Stein übrig ist, erhält das Kind bzw. der Jugendliche eine Belohnung. Die Schwierigkeit dieses Vorgehens liegt darin, dass, wenn das Kind bzw. der Jugendliche z.B. bereits in der zweiten Stunde alle Steine verloren hat, ggf. kein Anreiz mehr besteht, positives Verhalten zu zeigen.

- **Variante 3:** Diese Variante ist eine Kombination aus den beiden vorher beschriebenen Formen, wobei Token durch angemessenes Verhalten erarbeitet, jedoch auch wieder entzogen werden können, wenn ein Fehlverhalten auftritt.

Tokensysteme setzen nicht primär auf die persönliche Einsicht des Kindes bzw. Jugendlichen, sondern konditionieren ein Verhalten. Auch die Vorgeschichte und die Gründe für ein störendes Verhalten werden bei einem Tokensystem nicht zwingend beachtet. Ungeeignet sind Tokensysteme, wenn das erwünschte Verhalten bislang nicht zum Verhaltensrepertoire der SchülerIn gehört oder er bzw. sie so impulsiv handelt, dass er bzw. sie das eigene Verhalten (noch) nicht steuern kann.

Verhaltensverträge

Der Einsatz von Verhaltensverträgen hat gewisse Parallelen zur Nutzung von Tokensystemen.

schriftliche Fixierung

Anlässlich einer untragbaren Situation wird nach einem gemeinsamen Gespräch in Form eines Vertrags schriftlich fixiert, wie das erwünschte Verhalten aussieht und welche Art von Konsequenz bzw. Belohnung der (Nicht-)Erfüllung folgt. Alle Beteiligten sind dabei gleichwertige VertragspartnerInnen, unterzeichnen den gemeinsamen formulierten Vertrag und verpflichten sich zu dessen Einhaltung.

Verbindlichkeit

Dies erhöht seine Verbindlichkeit. Verhaltensverträge können zwischen einzelnen Personen (Abb. 14) oder auch mit der gesamten Klasse geschlossen werden.

Verhaltensvertrag zwischen Florian X. und Frau M.

Ich nehme mir für die kommende Woche Folgendes vor:

Ich melde mich, wenn ich etwas sagen möchte, und warte, bis ich aufgerufen werde.
Ich arbeite friedlich mit anderen zusammen.

Frau M. erinnert mich jeden Morgen an das, was ich mir vorgenommen habe.
Wenn alles geklappt hat, ______________________________
Schaffe ich es nicht, ______________________________

______________ ______________ ______________
Ort, Datum *Unterschriften*

Abb. 14: Beispiel für einen Verhaltensvertrag zwischen Schüler und Lehrerin

Wie bei anderen Interventionen ist es auch bei Verhaltensverträgen notwendig, dass sie gemeinsam an die aktuelle Situation angepasst werden, damit sie die erwünschte Wirkung zeigen können.

Check In Check Out

selektive Prävention

Check In Check Out (CICO) wird häufig im Rahmen von (School-wide) Positive Behavior Support (SW-PBS) eingesetzt, um den SchülerInnen zusätzliche Unterstützung zu geben, die mehr Struktur und (individuelleres) Feedback benötigen, um vom Schultag fachlich und emotional-sozial profitieren zu können (Sugai/Horner 2006; Hintz et al. 2016; Paal et al. 2017b).

systematische Feedbackphasen

Mit systematisch über den Schulalltag verteilten regelmäßigen Feedbackphasen (Abb. 15) mit einem verlässlichen Erwachsenen, mit dem das Kind oder der Jugendliche eine gute Beziehung hat, wird im Rahmen von CICO die Fähigkeit zur Selbstreflexion und zum Selbstmanagement des teilnehmenden Kindes bzw. Jugendlichen zunehmend ausgebaut.

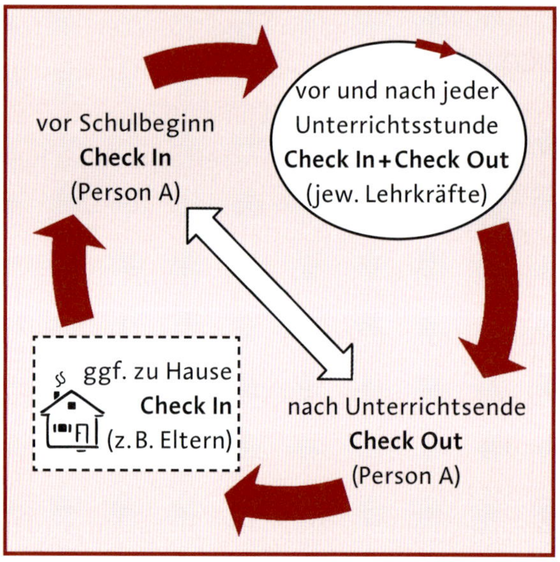

Abb. 15: CICO-Kreislauf (Hintz et al. 2016, 138)

individuelle Verhaltensziele

Hierzu werden gemeinsam mit dem Kind bzw. Jugendlichen individuelle Verhaltensziele vereinbart (wenige, positiv und möglichst konkret formuliert). Diese werden im CICO-Formular (Abb. 16) für die nächsten Wochen eingetragen und sind so für alle Beteiligten transparent.

Name: ______ Datum: ______

1 = hier ist noch Arbeit nötig 2 = o.k. (ggf. mit Unterstützung) 3 = super gemacht	Ich bin freundlich zu anderen Personen			Ich gehe ordentlich mit Sachen um			Ich arbeite mit		
Check In	1	2	3	1	2	3	1	2	3
1. Stunde	1	2	3	1	2	3	1	2	3
2. Stunde	1	2	3	1	2	3	1	2	3
3. Stunde	1	2	3	1	2	3	1	2	3
4. Stunde	1	2	3	1	2	3	1	2	3
5. Stunde	1	2	3	1	2	3	1	2	3
Check Out	1	2	3	1	2	3	1	2	3

Maximale Punktzahl: ______ Heutiges Ziel: ______ Ziel erreicht: ja / nein

Unterschrift Erziehungsberechtigte: ______ Datum: ______

Anmerkungen und Kommentare der Erziehungsberechtigten sind auf der Rückseite willkommen!

Abb. 16: Individualisiertes CICO-Formular (in Anlehnung an Hintz et al. 2016; Paal et al. 2017b)

Phasen

Sowohl vor Unterrichtsbeginn („Check In") und nach Ende des Schultags („Check Out") als auch vor den jeweiligen Unterrichtsstunden (kleine „Check In"- und „Check Out"-Phasen; dann mit der jeweils unterrichtenden Lehrkraft) wird mit dem bzw. der SchülerIn ein kurzes konstruktives Gespräch über das vorgenommene bzw. realisierte Verhalten geführt.

Selbstreflexions- und Managementfähigkeit

Während bei den „Check In"-Phasen das Transparentmachen der Abläufe am Tag bzw. der kommenden Unterrichtsstunde sowie dafür adäquates Verhalten (in Anlehnung an die gemeinsam vereinbarten Ziele) im Mittelpunkt stehen, wird in den „Check Out"- Phasen der Fokus auf die Reflexion des Geschehenen gelegt und auf die Verbesserung der Selbstreflexions- und Selbstmanagementfähigkeiten abgezielt. In den „Check Out"-Phasen werden ebenfalls die jeweils durch das Verhalten erhaltenen Punkte auf dem CICO-Formular schriftlich festgehalten und angemessenes Verhalten gelobt.

Wenn am Ende des Schultags die vorher gemeinsam besprochene angestrebte Tagespunktzahl erreicht wurde, wird dies im Rahmen des „Check-Out" mit einer kleinen Belohnung (oder einem Eintauschverstärker) positiv verstärkt. Für die Belohnung kann ggf. auch das Elternhaus oder die Nachmittagsbetreuung mit eingebunden werden.

benötigte Ressourcen

Zur Realisierung von CICO werden nicht viele Ressourcen benötigt. Neben einem gut in CICO instruierten verlässlichen Erwachsenen werden individuell an die Situation des Kindes angepasste CICO-Formulare benötigt. Genauere Erläuterungen zur praktischen Umsetzung von CICO, insbesondere auch sinnvolle Hinweise zu den jeweiligen Reflexionsphasen sowie Adaptionsmöglichkeiten für SchülerInnen, die (noch) nicht genügend gut die üblichen CICO-Formulare lesen können bzw. ein (noch) nicht so gut ausgeprägtes Verständnis von Zahlen haben, finden sich bei:

Paal, M., Hintz, A.M., Krull, J. (2017): CICO – für ein gelungeneres Zusammenspiel. Die Grundschule, 9, 24–29

Weitere Maßnahmen zum kurzfristigen Soforteinsatz

Über die bislang erwähnten Möglichkeiten zur Prävention von bzw. zum praktischen Umgang mit herausforderndem Verhalten hinaus bieten Hartke und Vrban (2012) bzw. Hartke et al. (2014) einen großen Fundus an praktischen Handlungsmöglichkeiten. Die Auswahl praktischer Handlungsmöglichkeiten für eine konkrete Situation wird mit Hilfe des (bereits in Kap. 2 erwähnten) Fragebogens zur Einschätzung des Verhaltens und der Entwicklung (SEVE) erleichtert.

„Feuerwehrmaßnahmen"

„Feuerwehrmaßnahmen", die zur kurzfristigen Erleichterung einer herausfordernden Situation im Schulalltag beitragen können, finden sich in den Onlinematerialien.

Hartke, B., Blumenthal, Y., Carnein, O., Vrban, R. (2014): Schwierige Schüler – Sekundarstufe: 64 Handlungsmöglichkeiten bei Verhaltensauffälligkeiten. Persen, Horneburg

Hartke, B., Vrban, R. (2012): Schwierige Schüler – Was kann ich tun? 49 Handlungsmöglichkeiten im Umgang mit Verhaltensauffälligkeiten. Persen, Horneburg

3.4 Prävention auf Schulebene mit School-Wide Positive Behavior Support

Mehrebenen-Prävention

Anders als die bisher dargestellten pädagogischen Maßnahmen im Kontext herausfordernden Verhaltens, die jeweils mehr oder weniger für sich allein stehen (auch wenn sie zum Teil gut kombiniert werden können), hat das Mehrebenen-Präventionskonzept School-Wide Positive Behavior Support (SW-PBS) durch seine schulweite Umsetzung einige spezifische Vorteile.

Vorteile von SW-PBS im Vergleich zu manualisierten Programmen

- Das Konzept ist flexibel anpassbar an die spezifische Schulsituation.
- Es ist schulweit angelegt und umfasst damit alle Situationen und Bereiche des Schulalltags.
- Die emotionale und soziale Unterstützung aller Lernenden wird in die alltäglich gelebte Schulkultur eingebettet.
- Alle Beteiligten werden von Anfang an in relevante Entscheidungen und die Ausgestaltung einbezogen.
- Entscheidungen bzgl. der möglichst proaktiven und wirksamen Unterstützung emotionaler und sozialer Kompetenzen aller Lernenden werden unter Berücksichtigung begrenzter Ressourcen möglichst datenbasiert getroffen.
- Die Unterstützung bzw. Förderung findet, wo möglich, unterrichts- bzw. schulalltagsimmanent statt, sodass der Transfer in den Alltag direkt erfolgt.

Verhalten ist erlernt

Das SW-PBS-Konzept basiert auf der Annahme, dass Verhalten erlernt und durch die Umgestaltung der Umgebungsfaktoren veränderbar ist.

Prävention

So wird darauf abgezielt, die Umgebung und das soziale Klima zu optimieren, indem emotionale und soziale Kompetenzen aller Kinder bzw. Jugendlichen möglichst proaktiv in einer transparenten und positiven Schulkultur gefördert werden. Es wird also versucht, der Entstehung, Aufrechterhaltung oder Eskalation von problematischen Verhaltensweisen möglichst frühzeitig vorzubeugen bzw. entgegenzuwirken (z.B. Hintz et al. 2016; Horner et al. 2010).

datenbasierte Entscheidungsfindung

Um die notwendige pädagogische Unterstützung flexibel und entsprechend des jeweils aktuellen individuellen Unterstützungsbedarfs pädagogisch und vor dem Hintergrund begrenzter Ressourcen sinnvoll realisieren zu können, wird im Sinne der Mehrebenen-Prävention datenbasiert vorgegangen, d.h. es findet schrittweise eine zunehmende Individualisierung und Intensivierung der Angebote statt, falls ein/e SchülerIn von den bisherigen Angeboten nicht genügend profitieren konnte (Horner et al. 2010).

Ein besonderer Schwerpunkt wird bei SW-PBS auf Maßnahmen der schulweiten universellen Prävention gelegt, um bei allen SchülerInnen möglichst proaktiv positives Verhalten unterstützen zu können. Als gemeinsame Basis für die Erarbeitung des schulspezifischen SW-PBS-Konzepts erarbeiten und diskutieren alle Beteiligten gemeinsame schulweite Grundwerte.

universelle Prävention

Dabei kristallisieren sich erfahrungsgemäß solche Grundwerte heraus, die die Aspekte des zwischenmenschlichen Umgangs (Respekt), des schonenden Umgangs mit Ressourcen (Verantwortung) und der Arbeitshaltung (Pünktlichkeit, Engagement oder Sicherheit) umfassen. Auf Grundlage dieser schulweit geltenden Grundwerte werden wenige schulweit geltende Regeln erarbeitet, die unbedingt positiv formuliert sein sollten, wie z. B. „Ich verhalte mich respektvoll gegenüber anderen Personen“, „Ich gehe verantwortlich mit Gegenständen und Ressourcen um“ und „Ich bin pünktlich und arbeite engagiert mit“. Diese Regeln und die sich daraus ergebenden Verhaltenserwartungen sollen für alle Beteiligten transparent gemacht werden und verbindlich sein (Sugai/Horner 2006).

schulweite Grundwerte

Auf Ebene der universellen Prävention (schulweit und für alle) wird Wert darauf gelegt, dass durch Transparenz sowie proaktives Vermitteln und gemeinsames Einüben von Sozialverhalten, das den Schulregeln entspricht, ungünstigen individuellen Entwicklungen proaktiv vorgebeugt wird.

proaktive Vorbeugung

Hierzu wird z. B. in einer sogenannten Verhaltensmatrix das jeweils erwünschte Verhalten für spezifische Situationen genau erläutert bzw. operationalisiert. Auch entsprechendes Feedback oder das an anderer Stelle erwähnte Klasse-Kinder-Spiel oder Positive Peer Reporting kommen hierbei oft zum Einsatz (wobei beide auch auf selektiver Präventionsebene bei ersten sich anbahnenden Problemen z. B. im Einhalten von Klassenregeln oder bzgl. der Ausgrenzung einzelner Peers gezielt eingesetzt werden können).

Verhaltensmatrix

Die SchülerInnen, die eine individualisiertere oder intensivere pädagogische Unterstützung benötigen, um vom Schulalltag emotional und sozial sowie fachlich profitieren zu können, bekommen weitere empirisch und praktisch bewährte pädagogische Angebote (Ebene der selektiven Prävention) und nehmen z. B. an „Check-In“ und „Check-Out“ teil, sodass sie durch mehr Struktur und Feedback im Schulalltag in ihren emotionalen und sozialen Kompetenzen unterstützt werden, was sie zunehmend selbstständiger und besser in ihren Selbstmanagementkompetenzen machen soll.

selektive Prävention

Insgesamt hat sich das SW-PBS in verschiedenen großangelegten empirischen Studien als wirksam hinsichtlich verschiedener relevanter Aspekte im Kontext herausfordernden Verhaltens erwiesen (z. B. Bradshaw et al. 2012; Horner et al. 2010).

Wirksamkeit

Forschungsergebnisse zur Wirksamkeit von SW-PBS

Empirische Studien (z. B. Bradshaw et al. 2012) weisen auf die Reduzierung problematischer Verhaltensweisen (z. B. Unterrichtsstörungen, Mobbing) sowie zum Aufbau angemessenen Verhaltens vom Vorschul- bis ins Jugendalter durch SW-PBS hin. Außerdem zeigt sich ein positiver Einfluss von SW-PBS auf die fachlichen Leistungen der SchülerInnen. Hinsichtlich des Schulklimas zeigten sich ebenfalls positive Effekte: ausschließende, reaktive und strafende Disziplinierungsmaßnahmen nehmen durch die Umsetzung von SW-PBS ab, die empfundene Zufriedenheit mit der Schule sowie ihrer Sicherheit nahmen zu. Im Zusammenhang mit der Implementierung von SW-PBS schätzten auch die jeweiligen Lehrkräfte ihre Selbstwirksamkeit deutlich höher ein und zeigen weniger Burnout-Symptome.

Auch erste Projekte zur Umsetzung von SW-PBS in Deutschland (Paal et al. 2017 a) zeigen, dass es auch für die aktuellen Herausforderungen bzgl. des konstruktiven Umgangs mit Diversität und problematischem Verhalten vor Ort ein vielversprechendes Konzept ist.

Memo

Das Benjamin Franklin zugeschriebene Zitat „An ounce of prevention is worth a pound of cure", (sinngemäß ins Deutsche übersetzt in etwa „Vorbeugen ist besser als heilen") könnte das Fazit dieses Kapitels darstellen, in dem verschiedene ausgewählte Möglichkeiten und Konzepte der Prävention im Kontext von herausforderndem Verhalten vorgestellt wurden. Gerade im zum Teil stark herausfordernden Schulalltag mag es schwerfallen, zusätzliche Energie aufzubringen, um proaktiv und systematisch präventiv tätig zu werden. Dennoch bzw. genau um allen Beteiligten ein angenehmes Arbeitsumfeld zu schaffen, zahlen sich Präventionsbemühungen gerade in Bezug auf herausforderndes Verhalten in der Regel in einem so hohen Maße aus, dass sich der zusätzliche Aufwand lohnt.

4 Gemeinsamer Unterricht

Werden SchülerInnen mit und ohne sonderpädagogischen Förderbedarf oder auch entwicklungs- bzw. leistungsheterogene Lerngruppen gemeinsam unterrichtet, ist ein Zwei-Lehrpersonen-System hilfreich (Kooperation). Dies kann auch beim Unterricht von SchülerInnen mit herausforderndem Verhalten sinnvoll sein, denn gemeinsam kann die Verantwortung für das Unterrichtsgeschehen, für proaktives bzw. reaktives Handeln bei potenziell störanfälligen Situationen, für Verhaltensbeobachtungen, Tokensysteme oder Verhaltensverträge u. Ä. auf mehrere Schultern verteilt werden.

4.1 Organisatorische Rahmenbedingungen

klare Rahmenbedingungen

Es ist hilfreich, wenn tatsächlich ein fester Rahmen gegeben ist, in dem Unterricht nach klaren, bekannten Regeln stattfindet. Der Begriff der Rahmenbedingungen sollte daher ernst genommen werden.

Sitzordnung

Bei der Wahl der Sitzordnung sollte darauf geachtet werden, dass die Lehrkraft alle SchülerInnen, insbesondere die mit herausforderndem Verhalten, gut (und von unterschiedlichen Positionen im Raum) im Blick haben kann. So lässt sich nicht nur das Entstehen z. B. eines wütenden Ausbruchs frühzeitig erkennen (und dem proaktiv entgegenwirken), die Lehrperson ist dann auch eher in der Lage, positives Verhalten zu sehen und wertschätzend darauf zu reagieren. Hier bietet sich z. B. die U-Form an (Abb. 17).

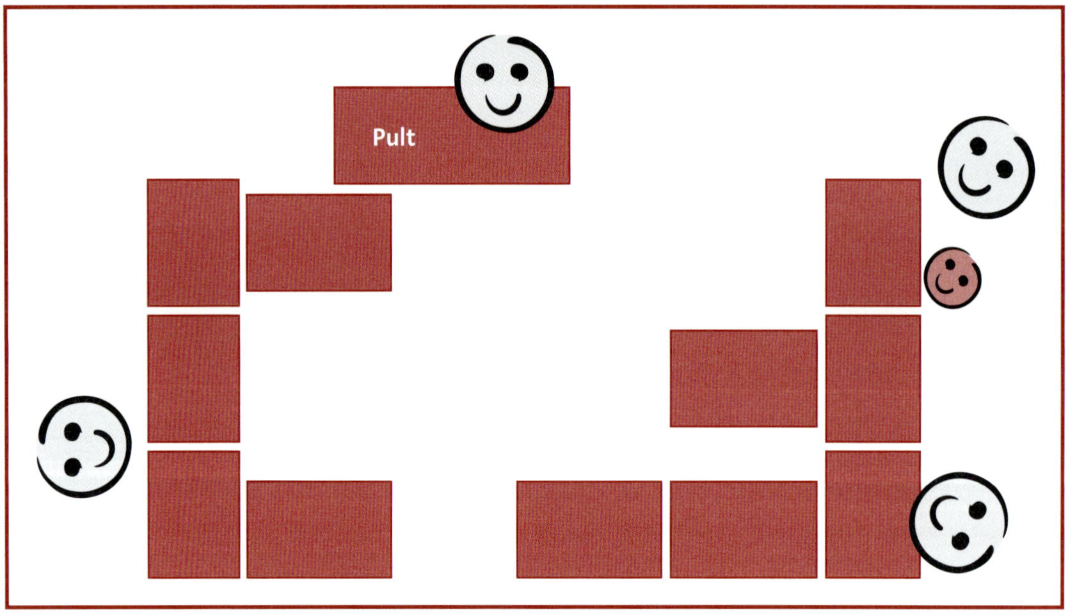

Anmerkung: kleiner Smiley = SchülerIn mit herausforderndem Verhalten; größere Smileys = mögliche Positionen der Lehrperson

Abb. 17: Sitz-Umfeld in einer Klasse

Integration in die Klasse

Die Wahl des Sitz-Umfeldes spielt auch eine große Rolle. Da alle SchülerInnen, auch diejenigen mit herausforderndem Verhalten, gut in die Klassengemeinschaft integriert sein sollen, empfiehlt es sich in der Regel, Letzteren nicht einen Einzelplatz weit weg von allen anderen zuzuweisen, auch wenn es möglich ist, dass einige SchülerInnen das für einen begrenzten Zeitraum brauchen. Je nachdem, wodurch das herausfordernde Verhalten entsteht bzw. in welcher Form es sich zeigt, kommen möglicherweise insbesondere SchülerInnen als SitznachbarInnen in Frage, die eher ruhig und gefestigt in ihrer Person sind. Die bzw. der beste FreundIn ist oft weniger gut geeignet, da die Praxis zeigt, dass hier häufig kein positives Verhaltensmodell gegeben ist. Ungeeignet sind auch SitznachbarInnen, die sich häufig in Konflikten mit dem Kind bzw. Jugendlichen mit herausforderndem Verhalten befinden.

Unterrichtsmaterial

Allgemein sollte das Unterrichtsmaterial so adaptiert bzw. angepasst sein, dass alle SchülerInnen mit ihrem jeweiligen Material erfolgreich arbeiten können, unabhängig davon, ob sie zielgleich oder zieldifferent beschult werden. Erfolgserlebnisse im fachlichen Bereich können mit dazu beitragen, dass die SchülerInnen langfristig ein positiveres Selbstbild entwickeln und die Häufigkeit des störenden Verhaltens abnimmt.

Falls das störende Verhalten in einer Stunde so sehr überhandnimmt, dass ein Unterrichten nicht mehr möglich ist, kann es sinnvoll sein, eine räumliche Alternative für eine begrenzte Zeit zur Verfügung zu haben. Dies kann z.B. ein Differenzierungsraum (die bzw. der SchülerIn wird begleitet von einer Lehrkraft oder pädagogischen Fachkraft), der Trainingsraum (im Sinne des Trainingsraumkonzepts) oder eine parallele Lerngruppe sein.

4.2 Didaktisch-methodische Maßnahmen

Differenzierung

Alle SchülerInnen können von einem Unterricht profitieren, der ihnen Spaß macht, der an ihrem Vorwissen anknüpft und der sowohl ihren Interessen als auch ihren Leistungsmöglichkeiten entspricht. Aber nicht jedes vom Lehrplan vorgegebene Thema ist für alle SchülerInnen gleich interessant. Oft kann das, was sein muss, mit Aussicht auf das, was dann ermöglicht wird, leichter zu ertragen sein.

Lebensweltbezug

Es spricht z.B. nichts dagegen, beim Thema Flächenberechnung die Größe von Tischdecken zu berechnen, die für das nächste Klassenfest gebraucht werden (unterschiedliche Tischgrößen usw.) oder die Größen verschiedener Sportfelder, die in der Turnhalle verschiedenfarbig markiert sind.

Klassenrat

In der Praxis hat sich auch die Einführung eines regelmäßigen Klassenrats bewährt, auf dem alle wichtigen, die Klasse betreffenden Themen angesprochen werden. Hier diskutieren die SchülerInnen in eigener Verantwortung über Probleme oder Konflikte, über anstehende Projekte, Feiern oder Ähnliches. Sie übernehmen dabei jeweils spezifische Rollen. Tipps und Informationen zur Durchführung finden sich z.B. hier:

Deutsche Gesellschaft für Demokratiepädagogik e.V. (o.J.): WIR SIND KLASSE! Anerkennung, Engagement und Vielfalt im Klassenrat. In: www.klassenrat.org, 18.05.2018

Anbahnung kooperativer Lernformen

Als methodisch sinnvoll werden oft kooperative Lernformen erachtet, denn im Bereich Kooperation besteht bei den SchülerInnen oft noch großer Entwicklungsbedarf. Beginnend bei kurzen Partneraufgaben mit eng umgrenztem Auftrag bis hin zu offenen Aufgaben für Kleingruppen kann nach und nach zielgerichtetes und kooperatives Arbeiten erlernt werden. Dabei ist es gerade bei der Gruppenarbeit wichtig, dass jedes einzelne Mitglied eine wichtige und für sich machbare Aufgabe übernimmt (z.B. VorleserIn, RegelhüterIn, ZeitwächterIn).

Bochmann, R. (2006): Kooperatives Lernen in der Grundschule – Aktive Kinder lernen mehr. Neue Deutsche Schule, Essen

Memo

Gemeinsamer Unterricht von Lernenden, die sich hinsichtlich verschiedener Aspekte in starkem Maße unterscheiden, bringt Chancen und Herausforderungen mit sich. Die Beachtung verschiedener organisatorischer, räumlicher und didaktisch-methodischer Maßnahmen kann dabei helfen, dass gemeinsamer Unterricht gut gelingen kann.

5 Kooperations-möglichkeiten

Gerade beim Unterricht und der Erziehung von SchülerInnen mit herausforderndem Verhalten spielen die konstruktive Kooperation und Zusammenarbeit von Lehrkräften bzw. pädagogischen Fachkräften auf unterschiedlichen Ebenen eine sehr wichtige Rolle. Dieses Kapitel soll einen Überblick über mögliche KooperationsparterInnen geben.

5.1 Lehrkräfte

Teamarbeit

In der Schule ist zunächst die Zusammenarbeit im Team der Lehrpersonen zu nennen, das die schulische und soziale Entwicklung der SchülerInnen als gemeinsame pädagogische Aufgabe sieht. Idealerweise unterrichten allgemeine und Förderlehrkräfte im Zwei-Lehrkraft-System und bringen dabei ihre jeweiligen Fach- und Methodenkompetenz sowie ihre Empathie- und Kooperationsfähigkeit ein.

geteilte Verantwortung

Es erleichtert die Arbeit sehr, wenn die Aufgaben- und Verantwortungsverteilung klar geregelt ist, wobei auch eine Schnittmenge gemeinsamer Verantwortungsbereiche existiert (Abb. 18).

> Werden Aufgaben- und Verantwortung möglichst genau gemeinsam festgelegt, kann das Missverständnissen und Unklarheiten in der Zuständigkeit vorbeugen. So bleibt mehr Zeit für gemeinsames Planen und Handeln, denn „Lehrkräfte der Allgemeinen Schule und Lehrkräfte für sonderpädagogische Förderung müssen in der inklusiven Schule nicht nur zusammen arbeiten, sondern zusammenarbeiten" (Wember 2013, 383).

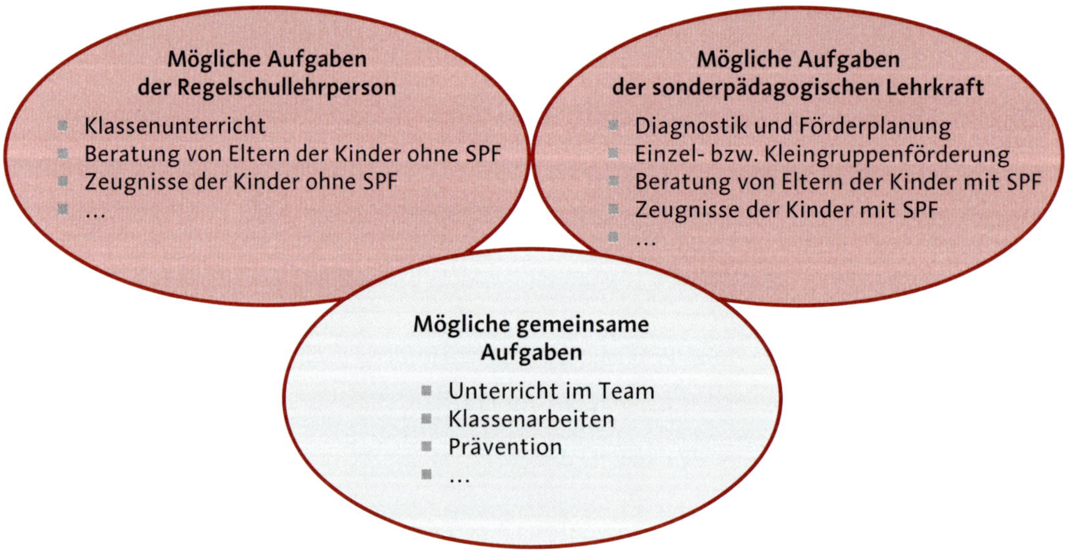

Anmerkung: sonderpädagogischer Förderbedarf (SFP)

Abb. 18: Mögliche Aufgaben- und Verantwortungsverteilung zwischen allgemeiner und Förderlehrkraft

Kooperationsformen im Unterricht

SchülerInnen mit herausforderndem Verhalten profitieren von Unterricht, der den Qualitätsmerkmalen Klarheit und Strukturiertheit entspricht. Sie benötigen klare Regeln und ein konstantes und konsequentes Verhalten der Lehrpersonen, auf das sie sich verlassen können und das ihnen Sicherheit gibt. Mögliche Kooperationsformen sind in den Abbildungen 19 bis 22 dargestellt (in Anlehnung an Lütje-Klose/Willenbring 1999).

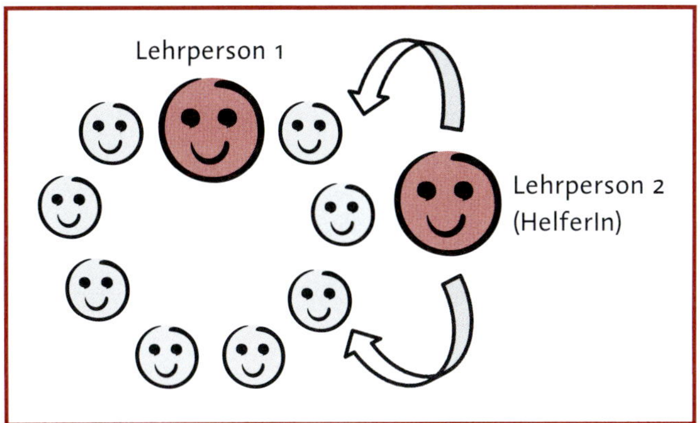

Lehrperson 1 unterrichtet, Lehrperson 2 (HelferIn) beobachtet und greift ein, wenn Probleme auftauchen.

Abb. 19: Aufgabenverteilung als Lehrperson und HelferIn (z.B. zweite Lehrperson)

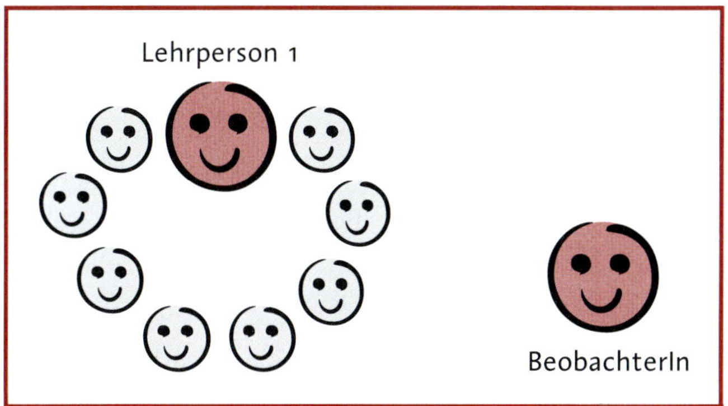

Die Lehrperson unterrichtet. Die BeobachterIn beobachtet das Verhalten der SchülerInnen und gibt der Lehrperson nach dem Unterricht eine Rückmeldung.

Abb. 20: Aufgabenverteilung als Lehrperson und BeobachterIn

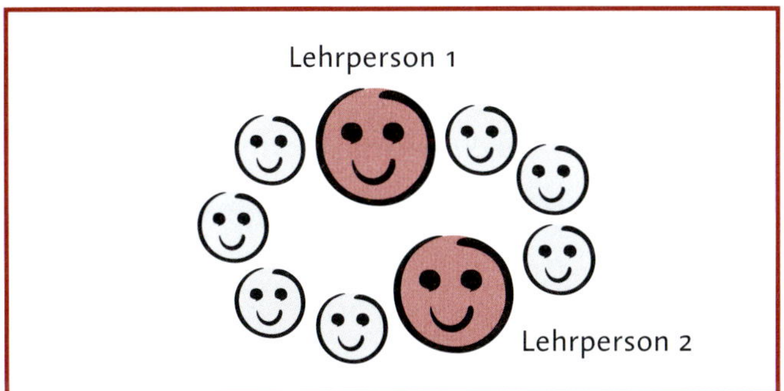

Beim Team-Teaching (gemeinsame Verantwortung) bereiten beide Lehrkräfte den Unterricht gemeinsam vor und stimmen sich bezüglich der jeweiligen Unterrichtsanteile ab.

Abb. 21: Aufgabenverteilung im Sinne gemeinsamer Verantwortung (Team-Teaching)

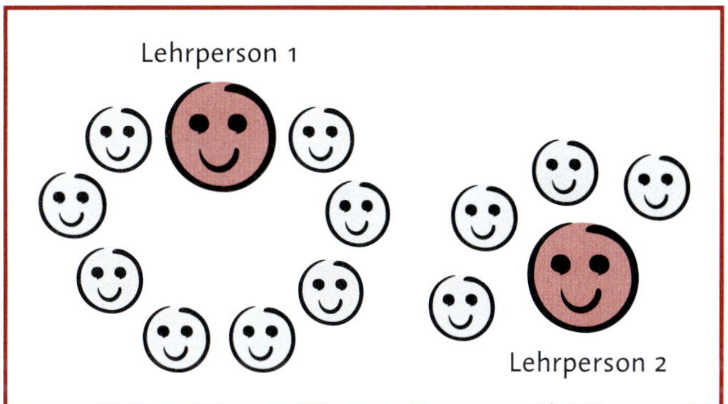

Eine Lehrkraft arbeitet mit dem größeren Teil der Gruppe. Die andere Lehrkraft fördert intensiv einen kleineren Teil.

Abb. 22: Aufgabenverteilung im Rahmen eines alternativen Unterrichtsangebots

5.2 Eltern bzw. Sorgeberechtigte

Struktur und Absprachen

SchülerInnen mit herausforderndem Verhalten können oftmals von Transparenz und in diesem Zusammenhang von klaren Regeln, Strukturen und Absprachen profitieren sowie von Gelegenheiten zum Erlernen alternativer (sozial adäquater) Handlungsalternativen und -muster. Dies gilt sowohl für das schulische Setting als auch außerhalb. Daher ist in der Erziehung und im Unterricht von Kindern und Jugendlichen mit herausforderndem Verhalten die Zusammenarbeit mit den Eltern und Sorgeberechtigten besonders wichtig.

regelmäßige Gespräche

Hilfreich sind regelmäßige Gespräche (persönlich oder telefonisch) über das aktuelle Verhalten des Kindes bzw. des Jugendlichen sowie über mögliche nächste Entwicklungsschritte und Unterstützungsmöglichkeiten. In den Gesprächen sollte thematisch nicht das Fehlverhalten im Vordergrund stehen, sondern es sollte gemeinsam nach Ressourcen gesucht werden, auf denen zukünftig aufgebaut werden kann (Kap. 2.1).

kleinschrittige Ziele

Die in diesem Zusammenhang gemeinsam vereinbarten Ziele sollten so kleinschrittig formuliert sein, dass individuelle Erfolgserlebnisse wahrscheinlich sind. Diese kleinen Schritte des Kindes bzw. des Jugendlichen hin zu sozialkompetentem Verhalten sollten sowohl vom pädagogischen Fachpersonal als auch zu Hause von Eltern o.Ä. wahrgenommen, hervorgehoben und gelobt werden.

an einem Strang ziehen

Wenn Eltern o.Ä. und Lehrkräfte gemeinsam an einem Strang ziehen, lassen sich erfahrungsgemäß schneller Erfolge erzielen, als wenn nur eine Seite aktiv wird.

Hennig, C., Ehinger, W. (2008): Das Elterngespräch in der Schule. Von der Konfrontation zur Kooperation. Auer, Donauwörth

5.3 IntegrationshelferInnen, SchulhelferInnen, SchulassistentInnen

Die Begriffe IntegrationshelferIn, SchulhelferIn oder SchulassistentIn werden in verschiedenen Ländern und Regionen zum Teil synonym genutzt. Allerdings werden für die gleiche Bezeichnung (regional unterschiedliche) verschiedene Qualifizierungen vorausgesetzt. Dementsprechend kann es für eine gute Zusammenarbeit sinnvoll sein, sich nach der Dauer und Tiefe der vorhergegangenen Qualifizierung zu erkundigen, um niemanden zu über- oder unterfordern.

Unterstützung im Schulalltag

Die Begriffe IntergrationshelferIn o.Ä. bezeichnen den Beruf von Personen, die SchülerInnen mit Behinderung unmittelbar im Unterricht begleiten, eine dauerhafte Bezugsperson für sie darstellen und sie in Situationen, die die SchülerInnen selbst (noch) nicht bewältigen können, unterstützen.

wertschätzender strukturierter Austausch

Damit die Arbeit im Team bei mehreren anwesenden pädagogischen Fachkräften gut gelingt, ist auch hier hoch relevant, dass alle Teammitglieder im regelmäßigen und wertschätzenden Austausch stehen und die Aufgaben- und Verantwortungsbereiche sowie die Abläufe transparent sind.

5.4 Ergo- und PhysiotherapeutInnen sowie LogopädInnen

Auch mit Ergo- und PhysiotherapeutInnen bzw. LogopädInnen können Austausch und Absprachen als Lehrkraft sinnvoll sein, wenn das herausfordernde Verhalten im Zusammenhang mit schulischen oder körperlichen Problemen steht.

Therapie in der Schule

Je nach Setting kann es möglich sein, dass die TherapeutInnen in die Schule kommen und dort (auf Rezept) behandeln, was vor allem für solche Familien eine große Erleichterung darstellt, die Nachmittagstermine nicht zuverlässig wahrnehmen (können).

5.5 Sozialpädagogische Tagesgruppe

Die sozialpädagogische Tagesgruppe gehört zu den Maßnahmen der Kinder- und Jugendhilfe und stellt ein Angebot für Kinder und Jugendliche dar, wenn ihre Erziehung ambulant (mit professioneller pädagogischer Unterstützung im ursprünglichen Zuhause) nicht gewährleistet werden kann, aber die Unterbringung in einem Heim vermieden werden soll.

Vermeidung von Heim-unterbringung

In einer sozialpädagogischen Tagesgruppe arbeiten verschiedene speziell geschulte pädagogische Fachkräfte mit den Kindern bzw. Jugendlichen und geben der Zeit nach der Schule bis zum frühen Abend eine Struktur. Im Rahmen einer sozialpädagogischen Tagesgruppe wird versucht, die Kinder und Jugendlichen emotional und sozial zu unterstützen, und es wird z.B. geübt, sich an Regeln zu halten. Beim Einsatz von Tokensystemen oder CICO ließe sich die zeitnahe Realisierung einer Belohnung auch in die Tagesgruppe verlagern. So zögen alle an einem Strang.

Strukturierung des Tages

5.6 Schulsozialarbeit

An vielen Schulen arbeiten mittlerweile auch SchulsozialarbeiterInnen. Sie können Lehrpersonen konkret zum Umgang mit dem Kind bzw. dem Jugendlichen mit herausforderndem Verhalten beraten und ebenfalls intensiv mit dem Kind bzw. dem Jugendlichen und evtl. seinen Eltern arbeiten. Auch hier ist regelmäßiger Austausch sinnvoll.

5.7 Jugendamt

Das Jugendamt ist ein wertvoller Partner, wenn es um sozial auffällige SchülerInnen geht, denn oft genug liegen die Ursachen für das Verhalten eines Kindes bzw. eines Jugendlichen im Elternhaus.

Lehrkräfte können sich jederzeit beim Jugendamt darüber informieren, welche Handlungsmöglichkeiten sie in Fällen des Verdachts auf Verwahrlosung, Misshandlung oder Missbrauch haben. An dieser Stelle wird noch kein Name genannt.

Verdacht auf Misshandlung

Falls es sich zum Wohle der SchülerIn als notwendig erweist, das Jugendamt einzuschalten, muss die Lehrkraft den Weg über die Schulleitung gehen.

Dienstweg

In anderen Fällen (u.a. bei vorübergehender Überforderung der Eltern durch Erkrankungen, massive Veränderungen der Lebenssituation oder Problemen im Bereich der Erziehung) kann es sinnvoll sein, dass das Jugendamt die Eltern bzw. Erziehungs- oder Sorgeberechtigten und die Lehrkraft zu einem gemeinsamen Gespräch einlädt, um mögliche Hilfen (wie z.B. FamilienhelferInnen) zu installieren.

Überforderung der Eltern

5.8 Kinder- und Jugendpsychiatrie sowie Schule für Kranke

Drogen, Gewalt, Missbrauch, Depression

In manchen Fällen ist ein Aufenthalt in einer Kinder- und Jugendpsychiatrie für eine SchülerIn sinnvoll (u.a. bei Drogenmissbrauch, exzessiver Gewalt, Missbrauch, Depression). Oft bleiben die Betroffenen hier für einen Zeitraum von wenigen Wochen bis hin zu mehreren Monaten.

Kooperation mit Heimatschule

Während dieser Zeit besuchen die SchülerInnen, wenn es ihnen neben ihrer jeweiligen Therapie möglich ist, eine sogenannte Schule für Kranke. Die Lehrkräfte dieser Schule arbeiten eng mit der jeweiligen Heimatschule zusammen, um so dem individuellen Kind bzw. Jugendlichen später eine problemlose (Wieder-)Eingliederung in die ursprüngliche Klasse zu ermöglichen.

5.9 Polizei

Bei SchülerInnen mit herausforderndem Verhalten kann das Verhältnis zur Polizei bereits durch eigene Erfahrungen oder solche in der Familie geprägt sein.

Abbau von Vorurteilen

Frühzeitige Besuche der bzw. des Jugendbeauftragten der Polizei kann dabei helfen, Vorurteile abzubauen. Im Grundschulalter findet oft schulische Verkehrserziehung durch die Polizei statt, spezielle BeamtInnen können aber auch zu Unterrichtseinheiten z.B. zu den Themen Drogen, (Cyber-)Mobbing oder Gewalt- und Eigentumsdelikte eingeladen werden.

anonyme Beratung

Lehrpersonen können sich bei der Polizei auch (anonym) beraten lassen, wenn sie z.B. von Straftaten ihrer SchülerInnen erfahren.

5.10 Weitere KooperationspartnerInnen

Die Liste der möglichen Kooperationen ließe sich noch lange fortführen (Bundesagentur für Arbeit; Beratungsstellen in öffentlicher, kirchlicher oder privater Trägerschaft; SchulpsychologInnen; Vereine; …).

Memo

√ Es gibt eine Vielzahl von möglichen KooperationspartnerInnen, die in verschiedenen herausfordernden Situationen konkrete Hilfen anbieten können. Eine frühzeitige informelle Kontaktaufnahme und konstruktive klare Kommunikation können zu einem vertrauensvollen Verhältnis führen, was im Ernstfall zu kurzen Wegen und schneller Hilfe beitragen kann.

Literatur

Beelmann, A., Raabe, T. (2007): Dissoziales Verhalten von Kindern und Jugendlichen. Erscheinungsformen, Entwicklung, Prävention und Intervention. Hogrefe, Göttingen

Bradshaw, C.P., Waasdorp, T.E., Leaf, P.J. (2012): Effects of School-Wide Positive Behavioral Interventions and Supports on Child Behavior Problems. Pediatrics, 130(5), 1136–1145

Bronfenbrenner, U. (1981): Die Ökologie der menschlichen Entwicklung. Klett-Cotta, Stuttgart

Brophy, J. (2000): Teaching (Educational Practices Series, Vol. 1). International Academy of Education & International Bureau of Education, Brussels. In: www.ibe.unesco.org/fileadmin/user_upload/archive/Publications/educationalpracticesseriespdf/prac01e.pdf, 18.05.2018

Cierpka, M., Lück, M., Strüber, D., Roth, G. (2007): Zur Ontogenese aggresiven Verhaltens. Psychotherapeut, 52, 87–101

Crick, N. R., Dodge, K. A. (1994): A Review and Reformulation of Social Information-Processing Mechanisms in Children's Social Adjustment. Psychological Bulletin, 15, 74–101

Dilling, H., Mombour, W., Schmidt, M.H. (2004/05). Internationale Klassifikation psychischer Störungen. ICD-10 Kapitel V (F), klinisch diagnostische Leitlinien. 5. Aufl. Huber, Bern

Engel, G.L. (1980): The Clinical Application of the Biopsychosocial Model. The American Journal of Psychiatry, 137(5), 535–544

Entorf, H., Sieger, P. (2010): Unzureichende Bildung: Folgekosten durch Kriminalität. In: www.bertelsmann stiftung.de/fileadmin/files/BSt/Publikationen/Graue Publikationen/GP_Unzureichende_Bildung.pdf, 03.08. 2018

Evertson, C.M., Emmer, E.T. (2009): Classroom Management for Elementary Teachers. Pearson, Upper Saddle River

Hartke, B., Blumenthal, Y., Carnein, O., Vrban, R. (2014): Schwierige Schüler – Sekundarstufe: 64 Handlungsmöglichkeiten bei Verhaltensauffälligkeiten. Persen, Horneburg

Hartke, B., Vrban, R. (2012): Schwierige Schüler – Was kann ich tun? 49 Handlungsmöglichkeiten im Umgang mit Verhaltensauffälligkeiten. Persen, Horneburg

Helmke, A. (2015): Unterrichtsqualität und Lehrerprofessionalität. Diagnose, Evaluation und Verbesserung des Unterrichts. 6. Aufl. Klett-Kallmeyer, Seelze

Hillenbrand, C., Hennemann, T., Hens, S., Hövel, D. (2015): Lubo aus dem All! 1. und 2. Klasse. Programm zur Förderung sozial-emotionaler Kompetenzen. 3. Aufl. Ernst Reinhardt, München/Basel

Hillenbrand, C., Pütz, K. (2008): Das KlasseKinderSpiel. Spielerisch Verhaltensregeln lernen. Edition Körber-Stiftung, Hamburg

Hintz, A.M., Gebhard, B., Irmler, M. (in Druck a): Wirksamkeit von Maßnahmen im Rahmen der Frühförderung evaluieren – Chancen und Herausforderungen kontrollierter Einzelfallstudien. Geplante Veröffentlichung in: Gebhard, B., Seidel, A., Sohns, A., Möller-Dreischer, S. (Hrsg.): Wirksamkeit Frühförderung – von Anfang an. Kohlhammer, Stuttgart

Hintz, A.M., Krull, J., Paal, M. (2016): Individualisierte Förderung sozial-emotionaler Kompetenzen im Übergangssystem durch den Einsatz von „Check-In-Check-Out" als pädagogische Maßnahme im Bereich der sekundären Prävention. Die Berufsbildende Schule, 68(4), 128–139

Hintz, A. M., Paal, M., Krull, J. (in Druck b): Anleitung zur Selbstevaluation von (klassenweiten) Interventionen auf Einzelfallebene am Beispiel des KlasseKinderSpiels. In: Hillenbrand, C., Hennemann, T., Pütz, K., Käter, C. (Hrsg.): KlasseKinderSpiel: Spielerisch Verhaltensregeln lernen. edition HPA. Köln

Hintz, A.M., Paal, M., Krull, J. (in Druck c). Evaluation des KlasseTeamSpiels mit einer sechsten Hauptschulklasse im Rahmen einer kontrollierten Einzelfallstudie. In: Hillenbrand, C., Hennemann, T., Pütz, K., Käter, C. (Hrsg.): KlasseKinderSpiel: Spielerisch Verhaltensregeln lernen. edition HPA. Köln

Hintz, A.M., Paal, M., Urton, K., Krull, J., Hennemann, T., Wilbert, J. (2015): Teachers' Perceptions of Opportunities and Threats Concerning Inclusive Schooling in Germany at an Early Stage of Inclusion – Analyses of a Mixed Methodology Approach. Journal of Cognitive Education and Psychology, 14(3), 357–374

Horner, R.H., Sugai, G., Anderson, C.M. (2010): Examining the Evidence Base for Schoolwide Positive Behavior Support. Focus on Exceptional Children, 42, 1–14

Jain, A., Spieß, R. (2012): Versuchspläne der experimentellen Einzelfallforschung. Empirische Sonderpädagogik 3/4, 211–245

Klasen, H., Woerner, W., Rothenberger, A., Goodman, R. (2003): Die deutsche Fassung des Strengths and Difficulties Questionnaire (SDQ-Deu) – Übersicht und Bewertung erster Validierungs- und Normierungsbefunde. Praxis der Kinderpsychologie und Kinderpsychiatrie 52 (7), 491–502

Krull, J., Hintz, A. M. (2015). Förderung emotional-sozialer Kompetenzen durch Tootling – Implementation und Evaluation in der schulischen Praxis. Potsdamer Zentrum für empirische Inklusionsforschung (ZEIF), Nr. 7, 1–11

Krull, J., Hintz, A. M., Paal, M. (2017): Loben statt lästern – Tootling als eine kindgerechte Form des Positive Peer Reporting in der Grundschule. Die Grundschule, 9, 12–16

Kultusministerium Sachsen-Anhalt Referat 23 (2011): Pädagogischer Bericht der Grundschule zur Feststellung und Überprüfung von Erfordernissen der sonderpädagogischen Förderung (mit Genehmigung bearbeitet von Tobias Henning, LBZ für Hörgeschädigte Halle auf dem Bildungsserver Sachsen-Anhalt). In: www.bildung-lsa.de/index.php?KAT_ID=11666#art17163, 07.03.2018

Lemerise, E. A., Arsenio, W. F. (2000): An Integrated Model of Emotion Processes and Cognition in Social Information Processing. Child Development, 71, 107–118

Lütje-Klose, B., Willenbring, M. (1999): Möglichkeiten der Unterstützung kooperativer Prozesse in Teams von Regelschullehrerin und Sonderpädagogin aus systemischer Sicht. Behindertenpädagogik, 38 (1), 2–31

Meyer, H. (2004): Praxisbuch: Was ist guter Unterricht? Cornelsen Scriptor, Berlin

Myschker, N. (2009): Verhaltensstörungen bei Kindern und Jugendlichen. Erscheinungsformen, Ursachen, hilfreiche Maßnahmen. Kohlhammer, Stuttgart

Nolting, H. P. (2011): Störungen in der Schulklasse: Ein Leitfaden zur Vorbeugung und Konfliktlösung. 9. Aufl. Beltz, Frankfurt

Paal, M., Hintz, A. M., Erbslöh, E. (2017 a): Förderung emotionaler und sozialer sowie fachlicher Kompetenzen einer heterogenen Schülerschaft im Rahmen eines kultursensibel adaptierten und implementierten Mehrebenenpräventionskonzepts (Fit für gemeinsames Lernen). Posterpräsentation auf der Frühjahrstagung der Arbeitsgruppe empirische sonderpädagogische Forschung (AESF) in Rostock. In: https://doi.org/10.13140/rg.2.2.18213.09444, 29.04.2018

Paal, M., Hintz, A. M., Krull, J. (2017 b): CICO – für ein gelungeneres Zusammenspiel. Die Grundschule, 9, 24–29

Paal, M., Hintz, A. M., Marx, L. T. (2017 c): „Wir trainieren für ein Hörbuch!“ – Evaluation einer Förderung der Leseflüssigkeit mit Lesetandems bei leseschwachen Lernenden mit Förderschwerpunkt Emotionale und soziale Entwicklung. Zeitschrift für Heilpädagogik, 68 (4), 193–207

Petermann, F., Koglin, U., Natzke, H., Marées, N. v. (2013): Verhaltenstraining in der Grundschule: Ein Programm zur Förderung emotionaler und sozialer Kompetenzen. Hogrefe, Göttingen

Petermann U., Hermann, B. (1999): Entwicklung externalisierender Verhaltensstörungen. Ein biopsychosoziales Modell. Zeitschrift für Klinische Psychologie, Psychiatrie und Psychotherapie, 47, 1–34

Petermann, U., Petermann F. (2014): SSL – Schülereinschätzliste für Sozial- und Lernverhalten. Hogrefe, Göttingen

Petermann, U., Petermann, F. (2013). LSL. Lehrereinschätzliste für Sozial- und Lernverhalten. 2. Aufl. Hogrefe, Göttingen

Rauer, W., Schuck, K.-D. (2004): Fragebogen zur Erfassung emotionaler und sozialer Schulerfahrungen von Grundschulkindern erster und zweiter Klassen. Beltz, Göttingen

Rauer, W., Schuck, K.-D. (2003): Fragebogen zur Erfassung emotionaler und sozialer Schulerfahrungen von Grundschulkindern dritter und vierter Klassen. Beltz, Göttingen

Sugai, G., Horner, R. H. (2006): A Promising Approach for Expanding and Sustaining Schoolwide Positive Behavior Support. School Psychology Review, 35 (2), 245–259

Tölle, R. (1996): Psychiatrie. 11. Aufl. Springer, Berlin

U.S. Department of Education, Institute of Education Sciences, What Works Clearinghouse (2013): What Works Clearinghouse: Procedures and Standards Handbook (Version 3.0). In: http://whatworks.ed.gov, 28.4.2018

Wember, F. B. (2013): Herausforderung Inklusion: Ein präventiv orientiertes Modell schulischen Lernens und vier zentrale Bedingungen inklusiver Unterrichtsentwicklung. Zeitschrift für Heilpädagogik, 10, 380–388

Sachregister

Konflikte meistern!

Arne Kühn
Lehrer-Schüler-Beziehungen konstruktiv gestalten
Erfolgreicher Umgang mit Verhaltensauffälligkeiten
Mit zahlreichen Übungen und Online-Zusatzmaterialien.
2018. 203 Seiten. 15 Abb. 6 Tab.
Innenteil zweifarbig.
(978-3-497-02764-4) kt

Fabian kommt am Morgen ins Klassenzimmer und wirft seinen Schulranzen ohne ersichtlichen Grund gegen die Wand. – Für LehrerInnen, die SchülerInnen mit Verhaltensauffälligkeiten unterrichten, sind Konflikte und Unterrichtsstörungen Normalität. Man steht unter Druck, angemessen zu reagieren und gleichzeitig Bildungsinhalte zu vermitteln. Der Lernerfolg von SchülerInnen mit Verhaltensauffälligkeiten hängt dabei maßgeblich von einer positiven Lehrer-Schüler-Beziehung ab. Doch wie sieht eine solche Beziehung aus und wie kann sie im Schulalltag gestaltet werden? Diese und weitere Fragen beantwortet der Autor in seinem Buch. Er gibt wichtige Informationen zu schulischen Rahmenbedingungen und Interaktionen sowie zahlreiche Tipps für die Praxis. Ein Kapitel zur Lehrergesundheit rundet das Buch ab.

Pressestimmen

»Für den Lernerfolg von Schülern mit Verhaltensauffälligkeiten ist eine positive Lehrer-Schüler-Beziehung ganz entscheidend, betont Kühn; er ist an einer Förderschule für Erziehungshilfe als Erzieher tätig und unterrichtet dort auch. Vor diesem Erfahrungshintergrund zeigt er, wie eine professionelle Beziehung mit Schülern mit Verhaltensauffälligkeiten aussehen muss und wie sie im Schulalltag konkret ausgestaltet werden kann. Er hat zahlreiche Fallbeispiele parat, gibt immer wieder auch Handlungsanweisungen, hilft mit Tipps für die Praxis, bietet Übungsaufgaben und betont besonders Wichtiges in Merksätzen; online gibt es noch Zusatzmaterialien. Das Schlusskapitel bietet Unterrichtenden, die mit verhaltensauffälligen Schülern zu tun haben, genaue und durchdachte Anregungen, wie sie in ihrem psychisch anstrengden Beruf eine gesunde Haltung sich selbst gegenüber finden können. Ein solides und bemerkenswert praxisnahes Arbeitsbuch für jeden Lehrer und Erzieher in allen Schulstufen und -formen.«

Reinhold Heckmann für *ekz.bibliotheksservice GmbH*
04.06.2018.

reinhardt
www.reinhardt-verlag.de

Soziale Kompetenz (von Kindern) fördern

Michael Fingerle / Mandy Grumm (Hg.)
Prävention von Verhaltensauffälligkeiten bei Kindern und Jugendlichen
Programme auf dem Prüfstand
2012. 194 Seiten. 1 Abb. 1 Tab.
(978-3-497-02275-5) kt

Aufsässigkeit, Bullying, Gewalt: Soziale Verhaltensauffälligkeiten bei Kindern und Jugendlichen bereiten LehrerInnen und Eltern zunehmend Kopfzerbrechen.

Kann man die Entwicklung sozialer Kompetenz mit Präventionsprogrammen wirksam fördern? Nach welchen Kriterien wählt man ein Programm richtig aus? Was muss man bei der Umsetzung beachten?

Das Buch orientiert über aktuelle Präventionsprogramme, von „STEEP“, „Lubo“, „Faustlos“ und „Friedensstifter-Training“ bis hin zur Positiven Peerkultur. Es zeigt auf, was für eine erfolgreiche Umsetzung zu beachten ist, und identifiziert häufige Probleme. Entscheidend für den Erfolg ist, dass das Programm von allen Beteiligten akzeptiert wird. Hier werden praxisnahe Ideen vorgeschlagen, wie die Einführung eines Programms gelingen kann.

Inhalt

reinhardt
www.reinhardt-verlag.de